DRIVE & CAMP TRÄUME

Michael Schweres

# MIT DEM WOHNMOBIL DURCH SCHWEDEN

## SCHÄREN, FJÄLLS UND GROSSE SEEN VON SÜDSCHWEDEN NACH LAPPLAND

DREI BRUNNEN VERLAG · STUTTGART

Einband und Layout: Jürgen Reichert
Karten: Ingenieurbüro artic,
Karlsruhe, Duisburg
Fotos: Ruth Fichtner, Werner Lahmann,
Michael Schweres

Lektorat: Barbara Locher
Gestaltung: Petra Gerlach,
Barbara Locher, Thomas Müller

Die Deutsche Bibliothek –
CIP-Einheitsaufnahme

**Schweres, Michael:**
Mit dem Wohnmobil durch Schweden /
Michael Schweres und Ruth Fichtner. –
1. Aufl. – Stuttgart :
Drei-Brunnen-Verl., 1998
(Drive- & Camp-Träume)
ISBN 3-7956-0249-1

ISBN 3-7956-0249-1

1. Auflage 1998


Satz: Typomedia Satztechnik GmbH,
73760 Ostfildern
Druck: Druckerei Göhring,
71334 Waiblingen, Seewiesenstr. 27

Michael Schweres

# MIT DEM WOHNMOBIL DURCH SCHWEDEN

KARMANN
PRESSE

# Inhalt

Hier geht's lang . . . . . . . . . . 8
Reisefieber – Unterwegs in Schweden . . . . . . . . . . 9
Schwedische Nationalparks . . . . . . . . . . 20
Das Wohnmobil – Ein Haus auf Rädern . . . . . . . . . . 25
Die Anreise . . . . . . . . . . 37
Spaziergang in Göteborg . . . . . . . . . . 40
Aufbruch ins Land der Elche . . . . . . . . . . 44
Inlandsvägen, Via Lappia und Vildmarksvägen . . . . . 52
Von Menschen, Monstern und Museen . . . . . . . . . . 59
Sapmi – Volk der Sonne und des Windes . . . . . . . . . . 77
Kiruna – Puls des Nordens . . . . . . . . . . 90
Die Sonnenstadt Lulea . . . . . . . . . . 101
Am Bottnischen Meerbusen südwärts . . . . . . . . . . 104
Entdeckungen in Stockholm . . . . . . . . . . 110
Unterwegs im Glasreich . . . . . . . . . . 120
Schweden-ABC: Touristische Tips und Hinweise . . . . 128
Wichtige Adressen . . . . . . . . . . 141
Register . . . . . . . . . . 142

Norwegen
Schweden
Finnland
Estland
Lettland
Litauen
Dänemark
S. 108
S. 52
S. 40
S. 44
S. 110+
S. 120
Hede
Sveg
Idre
Särna
Ljusnan
Ljusdal
Sundsvall
Hudiksvall
Bollnäs
Söderhamn
Bottnischer Meerbusen
Västerdalälv
Höljes
Mora
Rättvik
Klarälv
Malung
Siljansee
Vansbro
Falun
Gävle
Stöllet
Borlänge
Ludvika
Avesta
Dalälv
Gysinge
Uppsala
Arvika
Filipstad
Sala
Västerås
Glaskogen Naturreservat
Karlstad
Karlskoga
Örebro
Eskilstuna
STOCKHOLM
Bengtsfors
Vänersee
Mariestad
Motala
Göta-kanal
Nynäshamn
Nyköping
Norrköping
Uddevalla
Vänersborg
Trollhättan
Trollhättanfälle
Vättersee
Linköping
Gotska Sandön
Jönköping
Göteborg
Borås
Nässjö
Vimmerby
Västervik
Visby
Gotland
Oskarshamn
Varberg
Kattegat
Växjö
Borgholm
Halmstad
Kalmar
Öland
Helsingborg
Karlskrona
Landskrona
Kristianstad
Lund
Malmö
Simrishamn
Ostsee
Trelleborg
Ystad
0 20 40 60 80 100 km
Maßstab 1 : 4 537 000

S. 59
S. 90
S. 104
S. 52
Norwegen
Schweden
Finnland
Riksgränsen
Karesuando
2123 m
Kebnekajse
Kiruna
Torneälv
Vittangi
Svappavaara
Stora
Lulevatten
Sarek
2090 m
Muonioälv
Malmberget
Pajala
Gällivare
Harsprånget
Kalixälv
Polarkreis
Jokkmokk
Vuollerim
Övertorneå
Överkalix
Norrbotten
Kåbdalis
Haparanda
Arjeplog
Luleälv
Piteälv
Boden
Luleå
Tärnaby
Arvidsjaur
Slagnäs
Sorsele
Piteå
Skellefteälv
Storuman
Stensele
Skellefteå
Saxnäs
Umeälv
Gäddede
Vilhelmina
Lycksele
Västerbotten
Åsele
Umeå
Holmsund
Strömsund
Ångermanälv
Ramsele
Örnsköldsvik
Indalsälv
Bottnischer Meerbusen
Storsee
Östersund
Sollefteå
Bräcke
Härnösand
Hede
Sundsvall
0 20 40 60 80 100 km
Maßstab 1 : 4 537 000

# Hier geht's lang

**Spaziergang in Göteborg**
Gartenstadt
• Hier geht's lang: Göteborg – Trollhättan – Uddevalla – Bengtsfors – Arjäng – Lennungshammar (Glaskogen Naturreservat)
**ca. 270 km**

**Aufbruch ins Land der Elche**
Der erste Elch - Ankunft in Glaskogen
• Hier geht's lang: Lennungshammar (Glaskogen Naturreservat) – Arvika – Brunskog
**ca. 60 km**
Die Gammelvala in Brunskog
• Hier geht's lang: Brunskog – Sunne – Torsby – Malung – Mora – Vamhus
**ca. 240 km**

**Inlandsvägen, Via Lappia und Vildmarksvägen**
Regionen ... – Mora und das rote Pferdchen – Die Bären von Orsa
• Hier geht's lang: Vamhus – Orsa – Sveg – Vemdalen – Klövsjö – Asarna – Svenstavik – Östersund
**ca. 350 km**

**Von Menschen, Monstern und Museen**
Lebendige Geschichte - das Jamtli-Freilichtmuseum – Der Weg übers Fjäll
• Hier geht's lang: Östersund – Hammerdal – Strömsund – Gäddede – Klimpfjäll – Saxnäs – Vilhelmina – Slagnäs – Vaxholm – Arjeplog
**ca. 700 km**
Kurzinfo Östersund (S. 67)
Lappensilber und Autotests - Arjeplogs Geheimnisse – Mitternachtssonne - Zauber des Nordens
• Hier geht's lang: Arjeplog – Arvidsjaur – Kabdalis – Vuollerim – Jokkmokk – Porjus – Gällivare – Malmberget
**ca. 350 km**

**Sapmi – Volk der Sonne und des Windes**
Die Trommel des Noaidin – Besuch auf dem Fjäll – Gemaltes Licht - der Maler CAJ – Natürliche Energien - Besuch im Kraftwerk – Die Bergwerksstätte Gällivare und Malmberget
• Hier geht's lang: Gällivare – Svappavaara – Kiruna
**ca. 120 km**

**Kiruna – Puls des Nordens**
Blick ins All - die Raketen von Esrange – Auf der Nordkalottenstraße nach Riksgränsen
• Hier geht's lang: Kiruna – Svappavaara – Karesuando – Pajala – Övertornea – Lulea
**ca. 500 km (+ 300 km Tour Kiruna – Riksgränsen – Kiruna)**

**Die Sonnenstadt Lulea**

**Am Bottnischen Meerbusen südwärts**
• Hier geht's lang: Lulea – Pitea – Skelleftea – Umea – Örnsköldsvik – Mjällom
**ca. 400 km**
• Hier geht's lang: Mjällom – Härnösand – Sundsvall – Uppsala – Stockholm
**ca. 430 km**

**Entdeckungen in Stockholm**
Stockholm ist anders als Venedig – Museumstour

**Unterwegs im Glasreich**
• Hier geht's lang: Stockholm – Södertälje – Norrköping – Linköping – Jönköping – Vimmerby – Växjö
**ca. 450 km**
Das Auswandererhaus in Växjö – Abschied vom geliebten Elch
• Hier geht's lang: Växjö – Göteborg bzw. Växjö – Trelleborg
**ca. 240 km**

**Gesamtlänge der Strecke: 4410 km**

# Reisefieber – Unterwegs in Schweden

Da ist es wieder – dieses Reisefieber. Während ich Recherchen und Notizen, die vielen Unterlagen und Prospekte durcharbeite, die wir für dieses Buch gesammelt haben, überkommt es mich. Ich betrachte die Fotos, nehme Formen und Farben in mich auf und frage mich gleichzeitig, wie das alles vermittelbar, erzählbar sein soll. Eindrücke, die jeder selber machen muss, um wirklich einen Eindruck gewonnen zu haben.

Seltsamer Ausdruck „einen Eindruck gewinnen“, aber er stimmt wirklich, beschreibt genau, was uns auf den Reisen so häufig widerfahren ist. Es ist ein Gewinn, Fremde zu erfahren, zu erleben, eigene Wege zu suchen, um die Fremdheit letztendlich in Vertrautheit umzuwandeln. Der Klang der „fremden“ Sprache wird vertraut, das Erscheinungsbild der Menschen, wir beginnen ihre Gedanken zu verstehen und nicht nur ihre Worte. Ein Gefühl des „beheimatet Seins“, hier kannst du dich niederlassen – es ist gut so. Für mich, der ich viel und gerne unterwegs bin und „Fremde“ erlebe, ist das wichtig, dieses daheim sein, egal wo. Im Wohnmobil (und nicht nur dort) lässt sich trefflich über Art und Zweck des Reisens sinnieren. „Daheim sein in der Fremde“ habe ich in einem anderen Buch geschrieben – genau so ist es.

Diese Erfahrungen auf der Reise sind Nahrung für die Seele, kleine bunte Steinchen im großen Mosaik des Lebens. „Schau, den habe ich dort gefunden, den da anderswo.“ Interessanterweise haben wir von all unseren Reisen immer auch Steine mitgebracht, waren besonders eindrucksvolle Erlebnisse und Erfahrungen mit Steinen verbunden. Wer in Südschweden einmal die großen Steinsetzungen ganz alleine durchschritten hat, wer einmal etwas Ruhe gesucht hat im großen steinernen Meditationskreis Dag Hammarskjölds, der wird verstehen, was ich meine. Es hängt mit Ruhe zusammen, mit der Statik, aber auch mit der Mystik, die Steine vermitteln können. Die „Faszination Schweden“ muss jeder und jede selber suchen und erfahren. Ich lade Sie lediglich ein, in den Geschichten und Reportagen unserer Tour zu folgen, mit uns das Land von Süd nach Nord zu durchfahren und dabei an einigen Plätzen zu verweilen und einiges kennen zu lernen. Ich habe in Schweden die schönsten Zeiten meines Lebens verbracht und wünsche mir, dass Sie dieses Land ebenso erleben können.

Genug philosophiert: Was können Sie von uns erwarten in diesem Buch? Nun, einiges an Tips zum Reisen mit dem Wohnmobil sicherlich, wobei dieses Fahrzeug kein Dogma ist. Unserer Tour kann man mit einem Motorrad, dem Pkw oder einem Wohnwagengespann genauso folgen. Da wir auf dem Inlandsvägen unterwegs sein werden, gibt es auch Berührungspunkte mit der Inlandsbahn. Das ist eine besonders reizvolle Möglichkeit, mit dem Rucksack durch Schweden zu reisen und immer wieder anzuhalten – es ist die

Kunst der Langsamkeit. Wir haben uns in Jokkmokk, an der alten Bahnstation des Malers CAJ, mit einigen Bahnfahrern unterhalten, für alle war es ein fantastisches Erlebnis, quer durch Wälder und Moore mit dem Bummelzug unterwegs zu sein und im Zug Menschen aus aller Herren Länder zu treffen.

Fast alle Campingplätze in Skandinavien bieten nette kleine Hütten (oft mit Heizung) an, da lässt man gerne auch manchmal das Zelt im Kofferraum. Schauen Sie nach dem Schild „ledig hytta“ … wer ledig ist, ist eben „frei, leer“, so einfach ist das. Apropos Campingplätze – natürlich geben wir Ihnen auch Hinweise für Stellplätze. Es sind Campingplätze, die uns besonders gut gefallen haben. Manche mit ganz einfacher Ausstattung, z.B. der in Karesuando, am nördlichsten Punkt unserer Reise, andere wiederum riesig groß, wie der Stadtcampingplatz von Stockholm, oder aber mit herzlichem Familienanschluss wie in Vilhelmina, wo uns die Besitzerin extra die Sauna (Badstuga) angeheizt hat, als wir nach einer Fahrradtour verschwitzt zurückgekommen sind. Egal wo Sie einen Stellplatz suchen, seien Sie ein bisschen geduldig und denken Sie daran, dass auch Campingplatzbetreiber gerne mal Feierabend machen.

Sehr oft haben wir uns aber auch einfach abseits der Straße ein nettes Plätzchen gesucht, schließlich bietet gerade das Wohnmobil diese Autonomie. Auf den langen Überlandstraßen Lapplands gibt es wunderschöne Rastplätze, wo meistens auch noch ein kleines Holzhäuschen mit Toilette und sehr oft eine Schutzhütte mit Tisch, Bank und Ofen stehen. Für Wohnmobilisten sind diese Rastplätze fantastische Alternativen zum Campingplatz. In den Informationskästen, die Sie nach jedem größeren Kapitel finden, stehen auch noch einmal alle ganz wichtigen Tips zusammengefasst, außerdem Anschrift und Telefonnummern des für die Region wichtigen Touristenbüros und eine oder mehrere Campingplatzempfehlungen. Unter dem Stichwort „Hier geht's lang“ habe ich jeweils den Routenverlauf mit Hilfe mehrerer markanter Ortschaften zusammengefasst – in der ausführlichen Streckenbeschreibung gibt es natürlich Tips und Hinweise auf Sehenswertes rechts und links der Straße sowie Umwege und Exkursionen, die von der Hauptroute abweichen. Anreize für Sie, selber zu entdecken, wieder zu entdecken, nachzufragen, Kontakte zu knüpfen, zu erleben. Wir haben nicht selten spontan irgendwo Halt gemacht, weil es so wunderschön war.

Das bringt bisweilen den Zeitplan durcheinander – deswegen ein gutgemeinter Ratschlag für Ihre Schwedenfahrt: Planen Sie eine ganz kurze Tour

*Wälder, Wasser, Weite – das ist Schweden pur*

*„ledig Hytta“ – Platz in Hülle und Fülle*

und freuen Sie sich, wenn Sie weiter fahren können, andersrum ist es ein Frust. Ein Wohnmobil ist kein Rennwagen und Schweden ist ein Land der extremen Distanzen – vor allem im Norden.
Wenn Sie die ganze Tour nachfahren wollen, die wir hier erzählen, dann brauchen Sie mindestens sechs bis acht Wochen; für die letzten Recherchen waren wir 4 Monate in Schweden. Deswegen haben wir ab und an eine „Ausreißervariante“ eingefügt, an der Stelle können Sie dann die Runde verkleinern. Wir haben auch Wohnmobilisten getroffen, die mit Genuss die Inlandsroute bis Karesuando hochgezockelt sind, um sich dann drei (einigermaßen stressige) Rückfahrtstage über die E 4 an der Ostküste zuzumuten. Auch das ist möglich, wir geben Ihnen für die Küste trotzdem noch einige Hinweise – die Besichtigung von Lulea zum Beispiel, oder ein Abstecher an die Höga Kusten und natürlich Stockholm.

Und dann sind immer wieder Themenkapitel eingebaut, die einfach erzählen sollen, die ein wenig fokussieren, um die Oberflächlichkeit eines „Reiselexikons“ zu durchbrechen – davon gibt's schon genug. Und so erzählen wir dann von den Menschen in Brunskog, den Autotestern in Arjeplog, den Sami in Jokkmokk, den Bergbauschäden in Gällivare und Malmberget, den Nationalparks, von Vattenfall, dem Fjäll und der Nordkalotte. Erzählungen – ganz kurz manchmal – die ein wenig beleuchten sollen, warum dieses Land und seine Menschen einen so wichtigen Platz im Herz derer einnehmen, die Skandinavien immer wieder bereisen.

**Das Jedermannsrecht**

Ich muss an dieser Stelle mit einem weit verbreiteten Missverständnis aufräumen: Das Campen abseits der Straße wird **nicht** vom so oft zitierten (und in letzter Zeit arg strapazierten) Recht zum Gemeingebrauch gedeckt, trotzdem wird es in ganz Skandinavien (noch) toleriert. Das schwedische Recht zum Gemeingebrauch, das „Allemansrätt“ gibt jedem die Möglichkeit, in Wald und Flur herumzustreifen, Pilze, wilde Beeren und Blumen zu sammeln – sofern sie nicht unter Naturschutz stehen – sowie in den meisten Gewässern zu baden und Boot zu fahren. Klarer Fall, solche Rechte beinhalten auch Pflichten. Die wichtigsten: Hinterlassen Sie keine Spuren Ihres Besuchs, und respektieren Sie Hausfrieden und Privateigentum. Man geht in Schweden davon aus, dass Sie als Gast mit diesem Geschenk „Natur“ genauso sorgsam umgehen wie die Menschen, die in dem Land wohnen. Nicht umsonst hat Schweden seit langer Zeit die höchsten Umweltschutzstandards. Wasserskooter sowie Geländefahrten jedweder Art auf zwei oder vier Rädern sind strikt verboten, ausgenommen sind Fahrten mit dem Schneeskooter auf geschlossener Schneedecke. Das als Tip, wenn Sie einmal im Winter in Schweden Urlaub machen, was auch sehr reizvoll, aber bitterkalt ist. Hundebesitzer sollten sich merken, dass vom 1. März bis zum 20. August Leinenpflicht herrscht – unbeaufsichtigt sollten Sie Ihren vierbeinigen Begleiter sowieso nie in freier Natur herumstreunen lassen.
Zum Jedermannsrecht gibt es überall in Schweden kleine Informationsbroschüren (z.B. an Tankstellen), die sollten Sie sich auf jeden Fall einmal ge-

nau anschauen. Ein Wohnmobil bietet die Möglichkeit, Land und Leute zu erleben, ohne Spuren und Zerstörungen zu hinterlassen. Es gibt keine präzise Aufstellung, was denn nun erlaubt ist und was nicht – da wird dem Verantwortungsgefühl des Einzelnen viel Vertrauen geschenkt. Wer jedoch glaubt, unbedingt eine neue Feuerstelle am Seeufer einrichten zu müssen, wer das sensible Fjäll mit seiner empfindlichen Flora mit dem Mountainbike oder einer Moto-Cross-Maschine überqueren will oder wer glaubt, ein oder zwei kleine Birken neben dem Wohnmobil könne man schon absägen, um den Campingtisch aufstellen und die Markise ausfahren zu können, der hat das Jedermannsrecht (und einiges mehr) gründlich missverstanden.
Ist doch logisch, werden Sie denken – dachte ich auch, und trotzdem habe ich all das in vielen Skandinavienaufenthalten auch gesehen. Also seien wir als Wohnmobilisten ruhig vorbildliche „Naturlauber", damit das Jedermannsrecht noch lange erhalten bleibt.

Manchmal lasse ich in diesem Buch andere Menschen zu Wort kommen – Schriftstellerinnen und Schriftsteller aus Schweden. Sei es Selma Lagerlöff mit ihrem Buch „Nils Holgerssons wunderbare Reise durch Schweden", sei es Astrid Lindgren mit ihren wundervollen Kinderbüchern über den Lausejungen Michel aus Löneberga, die Kinder aus Bullerbü oder sogar Pippi Langstrumpf, sei es der große schwedische Romancier Vilhelm Moberg mit seiner Tetralogie über die schwedischen Auswanderer (deren Museum wir im Laufe unserer Tour auch besuchen werden). Werfen wir also einen Blick auf Land und Leute, bevor wir in Göteborg von der Fähre fahren und einen ersten Stadtbummel in Schweden machen.

## Dimensionen

Das viertgrößte Land Europas – nur Russland, Frankreich und Spanien sind flächenmäßig ausgedehnter – erstreckt sich von 55° bis 69° nördlicher Breite weit über den Polarkreis hinaus. Mit einer Bevölkerungsdichte von etwa 19 Menschen pro km² kann man das 450.000 km² große Land fast leer nennen. Selbst die Zahl 19 ist nur ein statistischer Wert, denn weite Landstriche sind noch dünner besiedelt; auf 50 Prozent der Landfläche wohnen weniger als 5 Menschen pro km². Bald 90 Prozent der rund 8,7 Millionen Einwohner – das sind etwa zehn Prozent der Bevölkerung Deutschlands – leben im südlichen Drittel Schwedens. Dort dauert der Winter (auf der Halbinsel Schonen z.B.) etwa ein bis zwei Monate, 14 Breitengrade oder bald 2000 Kilometer weiter nördlich herrscht für mehr als 7 Monate die kalte Jahreszeit mit geschlossener Schneedecke und mehr als einem Monat arktischer Nacht. Mehr als 60 Prozent der Landfläche sind von – zumeist intensiv forstwirtschaftlich genutzten – Wäldern bedeckt, in der Forstwirtschaft gehört Schweden mit Finnland und Kanada zur absoluten Weltspitze.
Um allen Schwedenfahrern gleich zu Beginn eine Illusion zu rauben – es gibt keine „unberührte" Natur in diesem Land (auch wenn es oft den Anschein hat) – und jeder Baum ist registriert mit Standort, Alter und „Erntedatum". Außerdem gibt es in Schweden mehr

*100.000 Seen – einer schöner als der andere*

als 100.000 Seen, reißende Flüsse, einige 1000 Kilometer Meeresküste und einiges an Umweltproblemen, von denen die wenigsten – das muss man den Schweden zugute halten – hausgemacht, einige besonders gravierende aber importiert sind (z.B. die Folgen des Reaktorunfalls von Tschernobyl).

Götaland im Süden, Svealand in der Mitte und Norrland im Norden – die „Wunderbare Reise des kleinen Nils Holgersson mit den Wildgänsen" zeigt alle Unterschiedlichkeiten von Menschen und Landschaften, Kulturen und Geschichte. Für Schweden gibt es kein einheitliches Raster, das Land ist so vielfarbig wie der Herbst in Lappland. Sowohl die politische als auch die geographische Gliederung Schwedens ist recht verwirrend. Es gibt 25 Landschaften und 24 Provinzen (läns) – fangen wir also mal im Süden an, uns auf der Schwedenkarte zu orientieren: *Skane* beherbergt die Provinzen Malmöhus Län und Kristianstads Län. An der Westküste Richtung Norwegen schließt sich *Halland* mit der Provinz Hallands Län sowie die Landschaft *Bohuslän* mit der Provinz Göteborgs-

och Bohus Län an. Dieser vor allem im Bohuslän in viele Inseln und Inselchen zergliederte Küstenstreifen ist im Sommer oft recht überlaufen. Es ist aber eine sehr abwechslungsreiche Landschaft mit kleinen Badebuchten – oft ragen rundgeschliffene Felsen noch vor der Küstenlinie aus dem Wasser – und Wald und Landwirtschaft im Hinterland. Im Vergleich zum Norden Schwedens geht es in den Küstenprovinzen auch recht eng zu – in Bohuslän leben etwa 700.000 Menschen auf 5.000 km$^2$ (mit Göteborg), während weiter im Norden in der Provinz Jämtland 135.000 Menschen auf gut 50.000 km$^2$ leben. Doch weiter auf unserem Streifzug über die Landkarte.

An der Ostküste schließen sich die Landschaften *Blekinge*, *Smaland* und *Öland* an – politisch sind es die Provinzen Blekinge Län, Kalmar Län (mit Öland), Kronobergs Län und Jönköpings Län. Die Küste ist windig – nicht umsonst gibt es zahlreiche Windmühlen auf Öland –, oft sandig und bisweilen steil und gefährlich. Wer die geheimnisvollen Schiffsetzungen der Wikinger bei Kaseberga besucht, bekommt einen guten Eindruck von der Landschaft – Weideflächen, die bis an die Steilküste reichen, kleine geduckte Wälder und weiter im Inland große Wald- und Moorflächen. Der Holzreichtum war einer der Gründe, warum sich in Smaland die Glashütten niedergelassen haben.

Zwischen den beiden großen Seen Vättersee und Vänersee liegt *Västergötland* mit Älvborgs Län und Skaraborgs Län, an der norwegischen Grenze *Dalsland* (gehört politisch noch zu Skaraborgs Län) und Värmland mit der Provinz Värmlands Län, alles waldreiche Landstriche mit sehr viel Wild. Weiter an der Ostküste – geographisch *Östergötland*, *Södermanland*, *Uppland* und politisch Östergötlands Län, Södermanlands Län, Stockholms Län und Uppsala Län.

In der Mitte Schwedens sind es die Landschaften *Närke* und *Västmanland* bzw. Örebro Län und Västmanlands Län. *Dalarna* mit dem Siljansee ist für viele der Inbegriff des landschaftlich wildromantischen Schwe-

*Privater Bootsanleger…*

*…und ein kommunaler fürs Kirchboot*

dens geworden – hier konkurrieren die Farben in einem Schönheitswettbewerb – das üppige Grün der Wälder, der Siljansee mit seinem durchdringenden Blau und ein Sonnenhimmel mit weißen Wolkentupfern. Der Provinzname „Kopparbergs Län“ verrät die Bergbautradition dieser „Kupferberg“-Region, aus der im Übrigen die überall in Schweden benutzte rote Farbe „Faluröd“ stammt.
In Gävleborgs Län an der Ostküste liegen die Landschaften *Hälsingsland* und *Gästrikland*. In Jämtlands Län mit der Provinzhauptstadt Östersund finden wir *Härjedalen* und *Jämtland*. In Östersund werden wir später das „Jamtli“-Freilichtmuseum besuchen, um einen Ausflug in Kultur und Geschichte dieser Region zu unternehmen.

Je weiter wir nach Norden vordringen, desto weiträumiger werden die Landschaften. Haben wir in der Mitte Schwedens noch so etwas wie „Mittelgebirgslandschaften“ gefunden – harmonische Wechsel von hügeligen Waldlandschaften, moorigen Hochflächen und kleinen, recht zersplitterten Landwirtschaften, so erwarten uns im Norden schroffere Landschaftsformen, rauheres Klima, unüberschaubare Waldflächen, unzählige Seen, reißende Ströme, die von den Gebirgen im Westen in Richtung Meerbusen fließen, Hochmoore etc.

Bei weitem die größte Landschaft ist *Lappland* mit den Provinzen Norrbottens Län und Västerbottens Län. Auf gut 150.000 km$^2$ ist in Lappland landschaftlich alles zu finden. Von sanften Wiesen, Wäldern und Hügeln bis zum vergletscherten Hochgebirge, unzugänglichen Hochtälern und Flussdeltas. Etwa die Hälfte Lapplands liegt nördlich des Polarkreises. Auch die Landschaft *Norrbotten* gehört noch in die größte und nördlichste Provinz Schwedens, während *Västerbotten* noch zu Västerbottens Län zählt. Als letzte Landschaft in unserer Liste fehlt schließlich das *Angermannland* am Bottnischen Meerbusen in der Provinz Västernorrlands Län.

**Hej dag**

Oder einfach „hej“ – beantwortet mit einem fröhlichen „hej, hej“. Eigentlich sind die Schweden ein sehr unkompliziertes Völkchen und das macht sie schon fast wieder kompliziert. Stöbern wir mal ein bisschen in unserer Erinnerung: Das „schwedische Modell“ war lange Zeit Garant für einen nachgerade legendären sozialen Standard. Von der Wiege bis zur Bahre gab es staatliche Fürsorgeleistungen – und eine beachtliche Steuerprogression, um den Staatshaushalt vorm totalen Abgleiten zu bewahren. So hat das Land im hohen Norden soziale Standards geschaffen, die einzigartig sind auf der Welt. Essen in der Schule, Kranken- und Altenversorgung, Behindertenarbeit, Arbeitslosenfürsorge etc. – das alles hat allerdings auch dazu geführt, dass Schweden heute etwa so bankrott ist wie Italien und die soziale Demontage schmerzhafte Einschnitte in manch wohlgeliebte staatliche Leistung mit sich bringt. Und trotzdem haben die Schweden in der Regel nicht einmal an der Regierung viel auszusetzen, wenn diese sie denn nur in Ruhe lässt. Denn das scheint für die meisten wirklich das Wichtigste zu sein: ein ruhiges Wochenende im Ferienhaus. Fast jede (!) schwedische Familie hat irgendeine Hütte oder ein Häuschen – stuga genannt – und 85 Prozent der Haushalte besitzen ein Boot.

**Made in Sweden**
Schweden ist ein hoch industrialisiertes Land, dessen Produkte Weltrang haben. Volvo, Scania, Saab, ASEA und SKF sind wohlklingende Namen, Schweden hat eine bedeutende Schifffahrtsindustrie, ist mit bald 12 Prozent am Weltexport von Eisenerz beteiligt und einer der führenden Zellstoff- und Papierhersteller sowie Holzexporteur ersten Ranges. Skandinavisches Design (sogar das von IKEA) genießt Weltruf. Gläser, Möbel, Keramik – das alles hat den schwedischen Wohlstand ermöglicht. Außerdem aber auch ein Staatswesen, das für gerechtere Verteilung sorgt als sonst irgendwo auf der Welt.

*Extrafeines Mehl – Made in Sweden*

Die fast perfekte soziale Absicherung hat auch ihre Schattenseiten gezeigt. Nachdem das Steuersystem mit Spitzensteuersätzen von über 70 Prozent die Einkommen fast ausnahmslos nivelliert hatte und das Arbeitslosengeld zum Leben reichte, begann man sich in Schweden Gedanken zu machen, warum eigentlich der Begriff Leistung fast ein Fremdwort geworden war. Egal was man tat, die soziale Grundversorgung mit 85 Prozent vom Mindestlohn war gesichert. Das führte zu so grotesken Zuständen wie dem höchsten Krankenstand der Welt. Die Statistiken einiger Unternehmen zeigten auf, dass gar nicht genügend Arbeitsplätze vorhanden wären, kämen tatsächlich einmal alle Beschäftigten der Firma zur Arbeit.

Viele dieser Missstände sind heute korrigiert, und noch immer kann man in Schweden Beispielhaftes finden: Im Arbeitsrecht, in der Sozialfürsorge, im Naturschutz. Die Schweden sind stolz auf ihr Land, ihren Wohlstand, ihre Natur, ihre Neutralität, auch wenn bisweilen ein wenig alter Glanz von der Fassade blättert. Wenn es nur irgendwie geht, lassen sie nichts auf ihr Land kommen: Als ich eine Reportage zu den Bergschäden in Gällivare-Malmberget und der Minengesellschaft LKAB machen wollte und meinen Freund Jan Lothigius um Hilfe bat, zögerte der und schrieb mir dann zurück: „Wenn's denn sein muss, helfe ich dir, aber gibt's bei euch keine Umweltschäden, über die du schreiben kannst?“

Das war eine sehr schwedische Antwort.
Seit 1814 war Schweden in keinen Krieg mehr verwickelt, bei Ausbruch beider Weltkriege erklärte das Land seine Neutralität. Nach der Besetzung Norwegens durch die Nazis ließen sie allerdings – so halten ihnen Historiker heute vor – Versorgungszüge für die deutschen Truppen in die eine und Deportationszüge in die andere Richtung passieren. Neutral um jeden Preis heißt die Kritik häufig, die auch eine gesellschaftliche Anpassung, Gleichgültigkeit und Kälte markiert. Es ist vielleicht auch eine bestimmte Art von Konfliktscheu und Harmoniebedürfnis, welche die Schweden da kultiviert haben. Das Wort Ombudsmann – in der ganzen Welt bekannt als Schiedsrichter in Konfliktfällen und Streitigkeiten – kommt aus dem skandinavischen Sprachraum. Die Ombudsmänner haben nicht nur eine lange Tradition in Schweden, sondern auch eine sehr starke Position. In Schweden gibt es hitzige Debatten und politische Spannungen – am Ende aber steht immer wieder der Ausgleich. „Lagom" heißt das Wort, es bedeutet im Deutschen so viel wie „angemessen". Mit anderen Worten und ganz kurz: Schweden ist in vielen Dingen einfach anders als andere Länder – und wird deswegen häufig nicht oder missverstanden.

Dann ist da auch noch die Staats- und Regierungsform, an der die Schweden ausnahmslos hängen und die nicht einmal von den Sozialisten in Frage gestellt wird: Schweden ist eine konstitutionelle Monarchie auf demokratisch-parlamentarischer Grundlage. König Carl XVI Gustav fand seine große

Liebe bei den Olympischen Spielen in München 1972 (an denen er als Sportler teilnahm) und so ist die ehemalige Olympiahostess und Übersetzerin Silvia heute Königin von Schweden. Eine parlamentarische Demokratie ist Schweden erst seit 1917, davor war das Land ein reines Königreich und seit 1553 mit König Gustav Wasa auch unabhängig. Vor dieser Zeit nämlich war Schweden in der so genannten Kalmarer Union mit Dänemark und Norwegen vereint – diese Zeit haben die Schweden bis heute nicht ganz verdaut und so werden die unfreundlichsten Witze über die skandinavischen Nachbarn erzählt (was im Übrigen bei denen nicht anders ist). Überhaupt ist Schweden in Skandinavien nicht sonderlich gut angesehen. Man hält die Schweden für arrogant (was sicherlich für die Skandinavier untereinander so ganz unrecht nicht ist ...), schließlich lässt der oft gehörte und gesehene Satz „Sverige är fantastik – Schweden ist ganz einfach klasse“ – einiges an Überlegenheitsgehabe spüren.

*Die Schönheit des „schlechten“ Wetters*

*Vom Aussterben bedroht – der Polarfuchs*

## Öl, tack und Olja

Gar keine Probleme gibt's mit der Sprache: Viele Schweden sprechen Deutsch und eigentlich alle Englisch – letzteres liegt vor allem daran, dass fast alle amerikanischen Filme unsynchronisiert ins Kino oder Fernsehen kommen. Und ein paar Worte Schwedisch eignen wir uns auf der Strecke an, z. B. das Wörtchen *tack*. Es heißt Danke und wird (seltsamerweise) mit *tack, tack* beantwortet. Mit dem Wort *Öl* kaufen Sie in Schweden Bier, und wenn Sie Öl fürs Wohnmobil oder den Salat brauchen, versuchen Sie's mal mit *Olja*.

*Reichhaltiges Angebot der Natur*

*Gleichgewicht ist alles – alter Flößer*

Warum Nationalparks in diesem Reiseführer? Vor allem deshalb, weil solche Schutzgebiete viele Menschen anziehen, um Natur in ihrer Ursprünglichkeit zu erleben und zu sehen. Doch Nationalparks sind in der Regel auch sensible Gebiete, die dem „Touristenstrom“ nicht so ohne weiteres standhalten können – deswegen gelten be-

# Schwedische Nationalparks

sondere Schutzbestimmungen, sind viele Paragraphen des „Jedermannsrechts“ außer Kraft. Mehr als anderswo hat in Nationalparks Natur absolute Priorität, es gilt, die natürliche Entwicklung von Landformen, Flora und Fauna nicht zu beeinflussen. Das ist in unserer hoch zivilisierten und hoch technisierten Welt – selbst wenn sie so bevölkerungsarm wie Nordschweden ist – äußerst schwer. Anders gesagt – der beste Nationalpark nützt nichts, wenn der natürliche Lauf seiner Gewässer durch 20 Kraftwerke zerstört wird, selbst wenn die Kraftwerke außerhalb der Schutzzonen liegen. Naturschutz ist also auch in Schweden – wie überall – eine Gradwanderung, die bisweilen gründlich schief geht. Eines ist sicher: Nationalparks sind ein wichtiger Schritt für die Erhaltung einzigartiger ökologischer Systeme und Lebensräume.

Die Skandinavier sind übrigens sehr stolz auf ihre Nationalparks. Immerhin schützen hier 3 Staaten 72 Parks. Der größte skandinavische Nationalpark liegt auf Spitzbergen und umfasst eine Fläche von stolzen 5300 $km^2$. In den borealen oder polaren Regionen der nördlichen Hemisphäre kommt noch eine gravierende Schwierigkeit hinzu – die Wunden der Natur heilen um ein Vielfaches langsamer als in wärmeren Teilen der Welt ... aber dafür deckt sie der Schnee ja auch länger zu. Wir sollten daran denken, bevor wir ein Loch für die Feuerstelle graben oder auf irgendeine Weise die schützende Moos- und Flechtenschicht des Bodens verletzen. Zusätzlich zum ohnehin bedeutenden Schutzstatus als „Nationalpark“ sind viele Schutzgebiete auch noch als „Weltnaturerbe der UNESCO“ klassifiziert – dieser Titel allerdings hat lediglich hohen Symbolwert, mehr Naturschutz bedeutet er nicht.

Einige Stichworte also zu den einzelnen Nationalparks (in Klammern das Jahr der „Unterschutzstellung“) – genauere Informationen sind in der Regel in den Touristenbüros der jeweiligen Landstriche zu finden oder auf Anfrage von der Schweden Werbung für Reise und Touristik GmbH in Hamburg, der auch unsere Aufstellung folgt. Auf jeden Fall ist ein Besuch in einem oder mehreren Nationalparks etwas Unvergessliches, schon um einmal zu erleben, mit welcher Urgewalt die Natur ein Terrain gestalten kann und wie schön das ist. Für die großen lappländischen Nationalparks gilt auf jeden Fall – gute Bergausrüstung ist ein Muss!

- **Angermanland – Nationalpark Skuleskogen**. Im Norden der Höga Kusten liegt das felsige Waldgebiet. Berge und Felsen des 2300 ha großen Schutzgebietes erheben sich imposant aus dem bottnischen Meerbusen und zeugen davon, dass die Meeresoberfläche direkt nach der Eiszeit etwa 300 Meter höher lag als heute. Die Urwaldbestände sind teilweise bis zu 500 Jahre alt. (1984)

- **Dalarna - Nationalpark Töfsingdalen**. Wildmark mit riesigen Felsblöcken und Urwaldbestand. Nordwestlich von Idre, sehr schwer zu begehen, 1615 ha. (1930)
- **Dalarna/Hälsingland - Nationalpark Hamra**. Schwedens kleinster Nationalpark; ein Urwaldgebiet mit reichhaltigem Wildbestand. Elche, Bären und Luchse drängeln sich auf nur 28 ha Schutzgebiet 40 Kilometer südöstlich von Sveg. (1909)
- **Dalsland - Nationalpark Tresticklan**. Im an Waldflächen und Seen reichen Dalsland liegt der jüngste der schwedischen Nationalparks. Das Gebiet ist erst im Jahre 1997 unter Schutz gestellt worden. Insgesamt umfasst der Nationalpark eine Fläche von 2897 ha.
- **Gotland - Nationalpark Gotska Sandön**. Soll sehr schön sein, die windgepeitschte Insel in der Ostsee. Doch die 4500 ha Schutzgebiet (850 ha sind Wasserfläche) mit vielen Orchideen und seltenen Käfern dürfen nur von Schweden besucht werden, sie sind militärisches Sperrgebiet (1909 eingerichtet, 1963 und 1988 erweitert).
- **Härjedalen - Nationalpark Sanfjället**. Dieses Wald- und Fjällgebiet südlich von Hede wurde vor allem zum Schutz der Bärenpopulation als Nationalpark ausgewiesen. Es ist mehr als 10.000 ha groß, gut ausgestattet mit Schutzhütten und Wanderwegen und mit dem Auto kann jeder bis zur Nationalpark-Grenze fahren. (Verschiedene Nationalparks erreichen Sie nämlich nur zu Fuß, manche - z.B. den Sarek Nationalpark - erst nach einigen Tagesmärschen.) In der Ortschaft Nyvallen gibt es die Nationalpark-Informationen. (1909, erweitert 1989)
- **Lappland - Nationalpark Abisko**. Der kleine Park (7700 ha) im hohen Norden ist eines der sonnenreichsten Gebiete Schwedens. Vegetation, Vögel, Insekten - in der warmen Jahreszeit ist das alles in üppiger Vielfalt vorhanden. Weil der Nationalpark östlich von Riksgränsen so leicht zugänglich ist und in der warmen Jahreszeit gewissermaßen von Besuchern überrannt wird, werden vom Naturum in Abisko geführte Wanderungen angeboten. (1909)
- **Lappland - Nationalpark Björnlandet**. Auch in dem 1100 ha kleinen Nationalpark gibt es markierte Wanderwege. Wälder mit uralten Baumriesen, Felswände und ein besonders herbes Binnenklima charakterisieren das Schutzgebiet südöstlich von Asele. (1991)

*Willkommen im Abisko-Nationalpark*

- **Lappland – Nationalpark Muddus**. Der Muddus-Nationalpark südwestlich von Gällivare ist mit seinen großen Moorgebieten ein Vogelparadies. Die Waldgebiete sind relativ leicht zu begehen und es finden sich auch Übernachtungshütten. Besonders reizvolle Ziele sind die Maskoskarsa-Schlucht und der Wasserfall des Muddosjokk. Das Schutzgebiet ist 49.000 ha groß. (1942, erweitert 1984)
- **Lappland – Nationalpark Pieljekaise**. Birkenwälder des Fjällrandgebiets etwa 60 Kilometer nordwestlich von Arjeplog. Über die Wanderwege des Pieljekaise Nationalparks haben Sie auch Anschluss an den Fernwanderweg Kungsleden. Im Süden des 15.000 ha großen Parks liegen schöne Seen. (1909)
- **Lappland – Nationalpark Stora Sjöfallet**. Im Gebiet des Parks liegt das durch Nils Holgerssons Reise bekannte Akka-Gebirgsmassiv. Vom Fjäll bis zum Hochgebirge, vom Bergfluss bis zum Hochmoor ist alles vertreten. In der Saltoluokta-Touristenstation lässt sich gut übernachten, außerdem führt eine Straße mitten in den Nationalpark – sie wird auch „Schwedens wildeste Sackgasse genannt". 127.000 ha. (1909)
- **Lappland – Nationalpark Vadvetjakka**. Ein 2600 ha großer Park in der Nähe von Björkliden – hochnordisches Fjäll mit großen Höhlen. Wanderwege beginnen in Torneham und Kopparasen. (1920)
- **Lappland – Nationalpark Padjelanta**. Es ist nicht nur der größte Park Schwedens – knapp 200.000 ha und damit viermal so groß wie der Bodensee –, sondern auch die botanisch artenreichste Region des Landes. Die Hochebenen an der norwegischen Grenze rund um die Seen Virihaure und Vastenjaure sind schwer zugänglich. In Staloluokta gibt es eine Informationsausstellung. (1962)
- **Lappland – Nationalpark Sarek**. Der Nachbarpark des Padjelanta Nationalparks ist etwa genauso groß und kaum zugänglich. Absolute Wildnis mit mächtigen Fjällmassiven, Plateaus, Gipfeln, Gletschern und tiefen Tälern (z.B. das berühmte Rapadalen). Der Sarek Nationalpark ist von Sven Hörnell mit wunderbaren Luftbildern dokumentiert worden. Es gibt keinerlei „touristische" Infrastruktur – wer das Gebiet bewandern will, sollte absolut hochtourenerfahren sein. (1909)
- **Norbotten – Nationalpark Haparanda Sandskär**. Von den 6000 ha des Parks sind nur etwa 750 ha Landfläche. Es handelt sich nämlich um ein Schärenarchipel im Norden des Bottnischen Meerbusens nahe der finnischen Grenze. Vor allem für Or-

*Farbenpracht von Flechten, Fels und Moosen*

nithologen interessant. Regelmäßige Schiffsverbindungen zu den Hauptinseln Sandskär und Sekar Furö existieren nicht. (1995)

- **Närke – Nationalpark Garphyttan**. Auch ein klitzekleiner Park – 111 ha einige Kilometer westlich von Örebrö. Die Wälder und Kulturflächen repräsentieren die Bergmannshöfe aus dem 19. Jahrhundert – Gärten, Heuwiesen, Viehkoppeln. Im Norden des Gebietes gibt es einen Aussichtspunkt. (1909)
- **Närke/Västergotland – Nationalpark Tiveden**. Ein 1300 ha großes Gebiet mit hügeligem „Trollwald“, um den sich eine Menge Geschichten und Sagen ranken. Zum Wandern ein anspruchsvolles Gelände, ausgestattet mit einer Schutzhütte und einer Freilichtausstellung. Lage: etwa 20 Kilometer nördlich von Karlsborg. (1983)
- **Skane – Nationalpark Dalby Söderskog**. Auf Bohlenwegen können Sie durch den 36 ha großen Nationalpark wandern, damit der empfindliche Kalk- und Kreideboden so wenig wie möglich beeinträchtigt wird. Ulmen, Eschen, Buchen und Eichen spenden den Schatten für eine einzigartige Blumenpracht im Frühling und Frühsommer. (1918)
- **Skane – Nationalpark Stenshuvud**. Ein Urgesteinsberg an der Küste Österlens, der von einer gewaltigen Klamm durchzogen wird. Die nördliche Erhebung – sie heißt Stenshuvud oder Steinernes Haupt – diente lange Zeit den Seefahrern als natürliche Orientierung. Natürlich hausten auch in dieser Klamm Trolle und

*Konkurrenz der Blautöne – Himmel und Wasser*

Riesen, vor allem aber hat das Binnenklima in der Schlucht eine einzigartige Pflanzenwelt geschaffen. Vom Besucherzentrum an der Reischstraße 10 südlich von Kivik geht ein behindertengerechter Wanderweg durch den 390 ha großen Park. (1986)

- **Smaland – Nationalpark Norra Kvill**. Nadelurwald von über 100 ha mit bis zu 400 Jahre alten Kiefern und Fichten. Seit mehr als 150 Jahren wurde in dem Gebiet kein Holz mehr geschlagen. Inmitten des Urwaldes liegt der verwunschene See Idegölen, der auf einem romantischen Wanderweg zu erreichen ist. Lage: 20 Kilometer nordwestlich von Vimmerby. (1927)
- **Smaland – Nationalpark Stora Mosse**. In der Endphase der Eiszeit entstanden viele der schwedischen Moore und Hochmoore. Bewaldete Sanddünen bilden kleine Inseln in diesem 7800 ha großen Torfmoorgebiet, in dem auch der für Ornithologen bedeutende See Kävsjön liegt. Der Nationalpark wird von einer Straße durchzogen. Es gibt (teilweise behindertengerechte) Wanderpfade und Beobachtungstürme sowie eine Informationszentrale und Übernachtungsmöglichkeiten. (1982)
- **Smaland/Öland – Nationalpark Bla Jungfrun**. In der Nacht zum Gründonnerstag treffen sich auf den blank polierten roten Granitklippen im nördlichen Kalmarsund die Hexen. Aber das ist nicht der entscheidende Grund, die Insel zu schützen. Vor allem die artenreiche Flechtenflora auf der Insel mit Fichten, Kiefern und Eichenbeständen sowie verschiedenen Höhlen und einem Steinlabyrinth ist eine Besonderheit. Von Oskarshamn kann man mit dem Boot hinfahren, 198 ha misst der Park, allerdings sind 130 davon Wasserfläche. (1926, erweitert 1988)
- **Södermanland – Nationalpark Tyresta**. Risstallandschaft und Urwaldgebiet in unmittelbarer Großstadtnähe, etwa 20 Kilometer südöstlich von Stockholm. Auch so etwas ist einzigartig in Schweden. Vergleichbare Landschaftsbilder gibt es übrigens nur noch in Mittelschweden und in Südfinnland. In den Felsspalten ist die Vegetation üppiger, weil sich hier mehr Mutterboden hält – also wachsen dort die Fichten, während auf dem kargen Felsgrund die Kiefern ein bescheidenes Dasein frönen. Die 2000 ha Urwaldgebiet zählen zu den größten außerhalb der Fjällgebiete. In Tyrest by gibt es eine Freilichtausstellung und einen Naturpfad. (1993)
- **Uppland – Nationalpark Ängsö**. Insel in den Schären von Stockholm. Kulturlandschaft mit Weiden und Heuwiesen, die auch heute noch gemäht werden. Die Wälder entwickeln sich langsam zu Urwäldern, weil sie sich selbst überlassen bleiben. Die Haine sind Lebensraum für viele Vögel. Per Boot ist der Park erreichbar, es werden geführte Rundwanderungen angeboten. (1909, erweitert 1988)
- **Västergotland – Nationalpark Djurö**. Eine besonders seltene Landschaftsform: Das Djurö Archipel besteht aus etwa 30 Inseln im Binnenland – nämlich mitten im Vännernsee. Wegen der vielfältigen Vogelwelt auf den Inseln ist das Betreten von Anfang April bis Ende Juli verboten. 2400 ha, davon 320 ha Landfläche. (1991)

Was macht eigentlich die Faszination eines Wohnmobils aus? Vielleicht ist es die Mobilität eines komfortablen Wohnschlafzimmers, vielleicht das Stückchen Privat- und Vertrautheit in der Fremde, dieser Rückzugsraum auf vier (oder sechs) Rädern, der uns überallhin begleitet. Ganz gleich, ob eigenes Fahrzeug oder Mietmobil, ob

# Das Wohnmobil – Ein Haus auf Rädern

Selbstausbau, Camper, Integrierter oder Alkovenfahrzeug, es gibt für die verschiedensten Wünsche und Bedürfnisse das richtige Fahrzeug. Ein nostalgischer Rückblick auf meine Wohnmobilkarriere:

## Anfänge

Vor zwanzig Jahren hatte ich einen alten VW 1600 Variant. Gardinen, eine Matratze auf der Ladefläche und Restgepäck, Kocher und Vorräte im vorderen Kofferraum machten daraus ein probates Reisemobil. Bald darauf kam die Bulli-Epoche, mein erster VW-Bus. Ein Selbstausbau mit Dachluke, fest installierten Wasserkanistern, einer kleinen Spüle und einem Gaskocher mit großer Flasche – welch ein Raumgefühl im Vergleich zum Variant. Dann haben wir viele Reisen mit einem Peugeot J 5 gemacht. Auch er war selbst ausgebaut. Ein Hubdach allerdings verlegte das Schlafzimmer in die erste Etage und das Basisfahrzeug selbst war entscheidend verändert. Verstärkte Federung an der Hinterachse (das war vor allem für Skandinavien und Osteuropa von Bedeutung...), für den Wohnbereich eigene Stromversorgung via Bordbatterie mit Trennrelais und automatischem Ladegerät, Frischwassertanks mit Pumpe, Unterflurabwassertank, fest installierter Gaskocher mit Spüle und Wasserhahn. Außerdem gab es eine Trumatic-Gasheizung, isolierte Fenster und Wände, weil wir auch im Winter viel unterwegs waren. Während unserer Sommertouren vergrößerte ein Vorzelt den Wohnraum. Lange Zeit war unser grüner J 5-Bus das Non-Plus-Ultra in Sachen Reisemobil – solide, sparsam mit seinem 75-PS-Saugdiesel, kompakt und trotzdem geräumig; was fiel da ins Gewicht, dass wir nach 500 Kilometer auf der Autobahn fast taub waren vom Gedröhne des Motors oder dass wir nach vier Wochen Leben im Wohnmobil immer in einer leicht gebückten Haltung herumliefen, weil wir nirgendwo im Fahrzeug aufrecht stehen konnten. Auch einige Recherchen zu diesem Reiseführer sind wir mit dem Peugeot gefahren – es hat immer Spass gemacht, auch wenn viele Dinge nicht so ganz perfekt waren. Aber werfen wir mal einen Blick auf die Wohnmobile „von der Stange“, um Ihnen die Auswahl zu erleichtern:

## Konfektionsware

Wer die Wahl hat, der hat eben auch die Qual. Alkoven, Hochdach, Hubdach, Nasszelle ja oder nein, eine Sitzgruppe oder zwei, abteilbarer Schlafplatz für die Kinder ... jedem das Seine eben, und der Geldbeutel hat auch noch ein Wörtchen mitzureden. Ein Rundgang durch einige Wohnmobile mag helfen, die Wahl zu erleichtern: Tür auf und hereinspaziert. Alkovenschlafplatz über dem Fahrerhaus, eine Heck- oder eine Seitensitzgruppe, die sich zu zwei weiteren Betten umbauen lässt, und die Kücheneinheit vorne unterhalb des Alkovens oder aber im Heck. Das sind die gängigsten Grundrisse für ein 4-Personen-Wohnmobil. Vor- und Nachteile gibt es bei beiden Varianten. Die Küche im Heck ist praktischer, weil der Dunst nicht in den Alkoven zieht – andernfalls duftet Ihr Kopfkissen immer nach dem letzten Abendessen. Heißt es aber einmal „Ab ins Bett mit den Kindern“, dann ist die Hecksitzgruppe für das abendliche Schlückchen Wein doch vorzuziehen.

Ein Blick in die Küche: Zwei Kochplatten sind das Minimum (und die Regel), drei Platten erlauben größere kulinarische Streifzüge durch die bereisten Regionen. Wichtig auch ... der Kühlschrank. Nicht nur ausreichend groß – 70 Liter sind erfahrungsgemäß ein Minimum –, sondern auch benutzungsfreundlich muss er sein. Drei Betriebsarten – 220 Volt für den Campingplatz, 12 Volt für die Fahrt und Gas für die „Wildnis“ – sind unerlässlich, das merken Sie spätestens, wenn Sie längere Zeit keinen Campingplatz besuchen und die Butter zu schmelzen beginnt. Bei Gasbetrieb ist eine automatische Piezzozündung beruhigend, sie erzeugt immer dann neue Zündfunken, wenn die Gasflamme wirklich einmal ausgehen sollte. Voila – Spüle und Wasserversorgung: 100 bis 150 Liter Frischwasser sollte der Tank fassen, damit Sie wirklich für einige Tage autark sein können. Zumeist finden Sie den Tank unter einer Sitzbank – je geschützter er im Innenraum liegt, desto frostsicherer ist die Wasseranlage. Der Abwasserspeicher hingegen – seltsamerweise immer etwas kleiner als der Frischwassertank – ist bei den meisten Wohnmobilen unter dem Boden montiert, um eine leichte Entsorgung und Reinigung zu ermöglichen. Apropos Wasser: Ein Gasboiler, der 10 bis 15 Liter Wasser erwärmt, ist zwar praktisch, aber er verbraucht auch eine Menge Gas. In Schweden haben wir ihn trotzdem öfter benutzt, denn bisweilen ist warmes Wasser zum morgentlichen Waschen ganz angenehm, vor allem, wenn Sie Mitte August den ersten Frost auf dem Fjäll erleben.

Neugierig wie wir sind, öffnen wir die Tür zur Nasszelle. Ein Bad en miniature hat seinen Reiz, zum Duschen ist es in der Regel nicht sehr komfortabel. Hier finden wir übrigens auch die Toilette. Ob Chemietoilette oder Trockenklo, das ist eine Ansichtssache. Auf jeden Fall ist so ein eigenes „stilles Örtchen“ in vielen Urlaubsländern Gold wert. Werfen wir noch einen Blick auf die Schränke. Ein Kleiderschrank und möglichst viele (verschließbare) Unter- und Oberschränke sind wichtig, um den vielen Krimskrams zu verstauen, den man so auf der Reise dabei hat. Unschlagbare Vorteile bieten hier größere Wohnmobile, die über einen Unterflurstauraum verfügen. Der „doppelte Boden“ ist geräumig und die Last verlagert den Fahrzeugschwerpunkt nach unten, was wiederum die Fahrstabilität erhöht.

Bleibt noch der Blick auf die Heizung und die Bordelektrik, um die Geheimnisse des Wohnmobils vollends zu entschlüsseln. Eine Gasheizung mit Umluftanlage und Thermostat ist Garant für mollige Wärme beim Wintercamping. Je besser die Warmluftaustritte verteilt sind, desto gleichmäßiger die Wärmeverteilung im Innenraum. Auf eine gute Heizung verzichten wir nie wieder, sie macht ein gut Teil Lebensqualität im Wohnmobil aus. In Lulea haben wir ein junges Schweizer Paar mit ihrem Baby getroffen, die an kalten Abenden Unmengen Tee gekocht (und getrunken) haben, um neben den dicken Winterpullovern wenigstens eine Wärmequelle in ihrem umgebauten VW-Bulli zu haben. Einige größere und luxuriösere Wohnmobile sind mit einer Warmwasser-Fußbodenheizung ausgestattet: gut, aber eben Luxus. Ganz wesentlich für den Alltagsbetrieb des Wohnmobils ist eine gute Bordelektrik. Arbeitsplatz- und Leseleuchten, Wasserpumpen in Tank und Toilette, Umluftanlage für die Heizung – all diese Verbraucher machen uns keine Sorgen, wenn wir an der externen 220-Volt-Versorgung hängen. Stehen wir aber allein auf weiter Flur, lernen wir den Wert einer gut dimensionierten Bordbatterie – zwischen 80 und 100 Ah – kennen.

Nun laufen wir einmal außen um unser Wohnmobil herum. Ein großer Stau-

*Kehrwoche im Haus auf Rädern*

raum nimmt die Gasflaschen auf. Minimum: Zwei Fünf-Kilo-Flaschen – je mehr, desto besser. Lassen Sie sich nicht auf ein Fahrzeug mit Gastank ein, Sie finden viel zu wenig Füllstellen unterwegs. Ein weiteres Türchen versteckt die Kassettentoilette. Wenn Sie jetzt noch einen weiteren von außen zugänglichen Stauraum finden – gut. Für Werkzeug, Bergschuhe, Spielzeug, Regenausrüstung und alle Sachen, die man auch mal schmutzig verstauen muss, leistet er gute Dienste. Markise, Dachbox und Dachreling als weiterer Standard vervollkommnen unser mobiles Ferienhaus. So ein Mobil hat in der Regel recht beachtliche Ausmaße: Über drei Meter Höhe und mehr als zwei Meter Breite lassen manche Straße ungemein schmal erscheinen, der Fahrzeuglänge sind sowieso kaum Grenzen gesetzt.
Also schauen wir uns auch einmal die etwas zierlicheren Alternativen an. Hoch- und Hubdachmobile sind nicht breiter als normale Kastenwagen und Hubdachmodelle zudem selten höher als 2,30 Meter. Diesen Vorteil bezahlen Sie mit größerer Enge im Innenraum, und wenn das Bett im „Obergeschoß" benutzt wird, haben Sie unten keine Stehhöhe mehr. Ein Hubdachwohnmobil ist außerdem nur eingeschränkt wintertauglich, denn bei aufgestelltem Dach bieten die Seitenwände aus Zeltstoff keinerlei Isolierung. Auch heftiges Regenwetter kann dem Schlafabteil arg zusetzen, und weil der Platz wirklich knapp ist, gibt es in diesen Campern nur selten eine Nasszelle. Unbezweifelbarer Vorteil dieser Bauart ist die kompakte Form. Auf vielen engen und kurvenreichen Straßen sind Sie beweglicher als mit einem Dickschiff namens Alkovenmobil.

Nicht vergessen wollen wir zum Schluss die sogenannten „Integrierten". Im Gegensatz zu den Alkovenmobilen wird hier auch die Fahrerkabine des Basismodells eingespart und der Fahrer- sowie Beifahrerplatz mittels Drehsitzen vollständig in den Wohnbereich „integriert" – der Raumgewinn ist beträchtlich. Das vordere Bett wird bei Bedarf von der Fahrzeugdecke abgesenkt und mit einem Vorhang vom restlichen Wohnraum abgetrennt. Da die Außenmaße dieser Bauart denen der Alkovenmodelle ähnlich sind, bleibt – neben dem Platzgewinn – vor allem die Frage des Geschmacks. Welche Form sagt Ihnen mehr zu?
Jetzt sind wir am Ende unserer ersten Besichtigungstour angekommen. Sollten Sie sich noch immer unsicher sein, welches denn nun „Ihr" Wohnmobil

*Auf Schwedens Campingplätzen fühlen sich auch Wohnmobilisten wohl.*

ist, machen Sie ein paar Wochenendtouren mit verschiedenen Mietmobilen.
Wir haben unsere Schwedentour mit einem Mercedes MB 100 mit Karmann Alkovenaufbau gemacht. Mit seinen 2,20 Meter Breite, etwa 6 Meter Länge und 3,40 Meter Höhe (mit TopBox) gehört er zu den kompakteren Alkovenmobilen – wenn der etwas in die Jahre gekommene 75-PS-Motor nicht wäre, der auf Bergstrecken das Wohnmobil zur fahrenden Baustelle werden lässt und eifrigste Schaltarbeit verlangt, es könnte der Beginn einer wundervollen Freundschaft werden ... mit klassischem Grundriss (Küche und Nasszelle im Heck, Seitensitzgruppe) bietet er genügend Platz für zwei Personen und einen großen Hund (doch das ist eine andere Geschichte).

**Mieten**

Die erste Annäherung an ein Wohnmobil endet zumeist mit einer Ernüchterung – so ein Mietmobil ist ja teurer als ein Ferienhaus! Stimmt – aber versuchen Sie mal, mit einem Ferienhaus eine 3000-Kilometer-Tour zu machen. Wenn Sie sich nach dem ersten Schock gefangen haben und immer noch „mieten“ wollen, sollte der Familienrat tagen. Wer aus Gründen der Sparsamkeit das erste Mal ein zu kleines Wohnmobil gemietet hat, wird nie wieder so Urlaub machen. „Die Kinder können wir ja zwischen uns legen“ gilt also nicht: 60 bis 70 Zentimeter Schlafplatzbreite sollte jeder für sich haben und beim Familienurlaub ist ein räumlich abteilbares Schlafplätzchen für die Kinder auch Garant für manche abendliche Weinflasche (die Sie sich für den Schwedenurlaub mitbringen müssen...) bei Kerzenschein – das ist etwas unwiderstehlich Gemütliches im Camper. Kochplatz, Ausrüstung, Zuladung, Freikilometer, Aufpreise und Abschläge – irgendwann geht die Übersicht völlig verloren. Drei Grundregeln:

- Mieten von Privat – billigste mögliche Lösung, aber zugleich extrem risikoreich. Die Fahrzeuge sind häufig älter, es gibt keine Reparaturgarantie oder gar ein Ersatzfahrzeug bei Panne und die Haftpflichtversicherung macht auch so ihre Probleme. Tip: Lassen Sie die Finger davon!
- Vermieterzusammenschlüsse – teurer, obwohl es in der Regel auch Privatfahrzeuge sind. Deren Besitzer sind gewerblich organisiert und durch eine Zentrale vertreten, die ihre Fahrzeuge vermittelt, wann immer sie nicht persönlich genutzt werden. Ein gewisser Qualitätsstandard wird damit garantiert, außerdem ein Ersatzfahrzeug bei Totalausfall. In der Regel, so unser Tip, fahren Sie mit dieser Lösung am besten.
- Gewerbliche Vermieter – teuerste und nicht unbedingt beste Lösung. Das Fahrzeugmaterial ist allerdings meist nicht älter als zwei Jahre. Die Ausstattungsliste der Vermieter ist in der Regel sehr kurz, die Aufpreisliste dafür um so länger. Wenn jemand gar noch Gebühren für die Toilettenchemie erhebt, wird es Zeit, dass Sie einen neuen Vermieter suchen. Der Tip: Nur wenn es gar nicht anders geht und Ihr Traumfahrzeug bei allen anderen Vermietern schon auf die Reise geschickt ist.

Apropos Reise: Ein Blick in den Kalender hilft Geld sparen. Fällt ihre Reise in einen Zeitraum, in dem in anderen

**Das Wohnmobil –
Ein Haus
auf Rädern**

Bundesländern noch keine Ferien sind oder die Schule schon wieder begonnen hat? Dann können Sie bei einem dort ansässigen Vermieter womöglich Nebensaisonpreise bekommen, während Sie am Wohnort den hohen Hauptsaisonpreis berappen müssen. Selbst eine Bahnfahrt, um das Wohnmobil abzuholen, lohnt sich, denn die Einsparung kann bis zu 40 Prozent der gesamten Mietsumme ausmachen.

Wichtig ist ein detailliertes Übergabeprotokoll, damit Sie später nicht die Kratzer zahlen müssen, die ihre Vormieter verursacht haben. Verschiedene Vermieter schließen die Benutzung bestimmter Strecken aus – erkundigen Sie sich vorher genau. In Europa gibt es kaum Einschränkungen, wenn Sie allerdings mit dem gemieteten Wohnmobil von Schweden über Finnland nach Russland fahren wollen, dann sollten Sie vorher nachfragen, ob es erlaubt ist oder etwa besondere Versicherungen abgeschlossen werden müssen.

Also: Der erste Urlaub war ein Erfolg, die große Liebe zum Wohnmobil ist ausgebrochen und selbst der Hund hat sich nur mit einem Seufzer von seiner mobilen Hundehütte verabschiedet.

### Kaufen

Jetzt wollen Sie wirklich einen eigenen Camper haben. Der Moment für den zweiten Schock ist gekommen: Das Preisniveau ähnelt dem der Mietpreise und der Wertverlust in den ersten Lebensjahren eines fabrikneuen Wohnmobils ist immens. Eine andere Möglichkeit: Vorführfahrzeuge. Kein Neukauf – aber die Wohnmobilausstellungen haben immer Schnäppchen parat, die Neuwagenqualität, aber keine Neuwagenpreise bieten.

Der Kauf von Privat ist nicht risikoreicher als ein normaler Autokauf – lediglich die Besichtigung sollte länger dauern. Lassen Sie sich im Kaufvertrag die Dichtigkeit der Kabine bestätigen – wenn schon mal irgendwo Wasser eingedrungen ist, haben Sie lange mit den Folgen zu kämpfen. Wer das Gefühl hat, sich inzwischen wirklich ein wenig auszukennen, der sollte auch mal einige Selbstausbauten anschauen, denn diese oft mit Sachverstand, Liebe zum Detail und viel Erfahrung ausgebauten Wohnmobile werden völlig zu unrecht weit unter ihrem Wert gehandelt.

### Fliegen und Mieten

Diese letzte Möglichkeit möchte ich Ihnen nicht vorenthalten, obwohl sie ungemein teuer ist. Zum nicht gerade billigen Mietpreis addieren sich die Flugtickets für die ganze Familie. Vorteil: Sie sparen den Fährtransfer und einige Anreisekilometer. Wer in Süddeutschland, Österreich oder der Schweiz wohnt, dem mag das für Hin- und Rückreise gut und gerne 2 Ferientage einbringen. Sie kommen ausgeschlafen vor Ort an, verstauen ihre persönliche Habe im Camper und fahren nach der üblichen Übergabeprozedur los. Nachteile gibt es – neben dem Preis – auch einige, so ein vor Ort gemietetes mobiles Ferienhaus ist noch unpersönlicher als das zu Hause gemietete Wohnmobil, Sie können im Flugzeug nicht viel Ausrüstung mitnehmen und wenig mit nach Hause bringen etc. Für mich war die lange Anreise auch immer eine Zeit der Einstimmung auf mein Ferienziel – und ich persönlich habe in Schweden noch nie jemanden getroffen, der dieses Land „Fly and Camp“-mäßig bereist hat. Was soll's, im Anhang finden Sie die Anschriften der Vermieter in Schweden, Infos gibt es teilweise sogar in deutscher Sprache und bei einigen ist die Buchung über eine deutsche Agentur möglich. Die Preise für ein Wohnmobil liegen – je nach Saison – zwischen 1500 und 3000 Mark pro Woche. Die Aufstellung der Adressen folgt dem Informationsblatt der Schweden-Werbung GmbH in Hamburg (Adresse siehe im Anhang)

Jetzt bleibt mir nur noch, Ihnen guten Flug zu wünschen. Vergewissern Sie sich vorher, ob der Vermieter Sie vom nächstgelegenen Flughafen abholt und wieder hinbringt – dieser Service sollte selbstverständlich sein. Und was den Flug angeht – im internationalen Flugverkehr wird Stockholm regelmäßig mehrmals pro Tag von verschiedenen Linien angeflogen – danach geht's per innerschwedischem Carrier weiter. Die innerschwedischen Flugverbindungen sind gut, dicht und nicht zu teuer.

**Ausrüstung**

Auch auf die Gefahr hin, Eulen nach Athen zu tragen – Lassen Sie mich einige Worte zur Ausrüstung für einen Skandinavienurlaub sagen.

- Kleidung: Sie sollten für „alle“ Wetter gerüstet sein, wer in den hohen Norden fährt, erst recht.
- Campingmöbel, Spiele, Fahrräder etc: Nehmen Sie mit, was das Wohnmobil tragen kann (ohne es zu überladen!), vor allem die Fahrräder haben wir häufig benutzt. Möbel zum Essen unter freiem Himmel sind beim Urlaub mit dem Wohnmobil sowieso ein Muss – gut, wenn sie in einem Außenstaufach oder in der Topbox untergebracht werden können. Bei manchen Kirunafahrern habe ich mich etwas über das Surfbrett auf dem Dach gewundert, aber vielleicht waren die Leute ja lange an der Küste. Wer hauptsächlich im Inland unterwegs ist, dem würde ich eher zu einem Kanadier raten.
- Technisches Zubehör: Das klingt fast abstrus, Schweden ist doch ein durch und durch erschlossenes Industrieland – stimmt, aber der Weg zur nächsten Werkstatt bisweilen weit. Nehmen Sie ein gutes Reserverad mit, manche Straßen sind reifenmordend. Auch eine Ersatzwindschutzscheibe aus stabiler Folie (gibt's

**Das Wohnmobil – Ein Haus auf Rädern**

*Klein aber fein – Blick ins Innere des Wohnmobils*

i.d.R. bei den Automobilclubs) leistet gute Dienste und eine Tube Silikon sowie eine Rolle Tesa-Leinenklebeband hilft bei kleinen Undichtigkeiten. Ungemein nützlich (wir hätten es gebraucht und hatten es nicht dabei ...): Ein Satz Adapteranschlüsse für die Befüllung der Gasflasche. Gas für die Flaschen bekommen Sie ohne Probleme, die schwedischen Füllstationen haben nur bisweilen andere Anschlüsse.

- Und sonst: Alles, was Ihnen den Urlaub verschönt. Kaufen Sie Ihre Filme und Viedeokassetten in Deutschland, diese Materialien sind recht teuer in Schweden. Und wenn Sie abends gerne einen steifen Grog trinken, sollten Sie auch den Rum zu Hause einkaufen, es sei denn, Sie wollten das freitägliche Schlangestehen vorm Alk-Laden *Systembolag* einmal selbst erleben, um dann horrendes Geld für eine Flasche Hochprozentiges zu zahlen.
- Wenn Sie auf dem Fjäll eine Hochtour machen wollen oder einen Teil des Kungsledens zu wandern gedenken, brauchen Sie unbedingt eine hochgebirgstaugliche Ausrüstung, vor allem gute Wärmekleidung (Faserpelz z.B.) und gute Schlafsäcke. Für eine solche Tour sollten Sie auch mit Karte und Kompass einigermaßen vertraut sein, denn auf den unendlichen Hochflächen hat man im Nebel schnell die Richtung verloren.

**Mückenplagen**

Noch ein Wort zu Skandinaviens gefährlichstem Raubtier – der Mücke. Da werden Gruselgeschichten von Mückenschwärmen und geplagten Menschen erzählt, denen die kleinen Drakulas jegliche Urlaubsfreuden rauben. Wie so oft, liegt immer ein Körnchen Wahrheit in den Geschichten, mehr wirklich nicht. Es gibt Ende Juni, Anfang Juli einen Zeitraum von etwa 10–14 Tagen, an denen stechen die Biester wirklich wie wild. Allerdings lassen sich auch die skandinavischen Mücken mit Autan oder (wer keine Chemie auf der Haut mag) etwas Zedernöl in Schach halten. Wir haben in Lappland noch ein anderes Mittel gefunden, das wirklich erstaunliche Effekte zeigt. Das Präparat heißt „Norwegian Summer" – eine erbärmlich stinkende braune Paste auf Holzteerbasis, die wirklich jedes Insekt vertreibt. Unliebsamer Nebeneffekt: Sie vertreibt auf Dauer auch Partner und Mitmenschen und macht furchtbar einsam. Also nichts übertreiben und keine Panikmache, die Nordmücken sind nicht lästiger als die Süd-, West- oder Ostmücken. Wichtig sind auf jeden Fall Mückengitter vor den Fenstern des Wohnmobils und ein gut schließendes Mückennetz an der Tür. Im Inneren haben wir abends häufig eine Duftlampe mit etwas Zedernöl angezündet. Das ist nicht nur gemütlich, sondern auch wirksam gegen Insektenbesuch im Innenraum. Sowie es mal eine Nacht etwas kälter war, verschwinden die Plagegeister übrigens vollständig und der hohe Norden ist mückenfrei – bis zum nächsten kurzen Sommer.

**Nordlandfahrer**

Erinnern Sie sich an die großen Western mit John Wayne. Mit Planwagen und Pferden machten sich die Trecks der Siedler auf nach Westen. Nun, ein Treck der Nordlandfahrer ist es auch,

*Magischer Zirkel um den Globus – der Polarkreis*

der sich da alljährlich zur Sommerferienzeit über Skandinavien hermacht. PKW mit Booten auf Dach und Hänger, Wohnwagengespanne, Radler (!), Motorradfahrer und natürlich Wohnmobilisten so weit das Auge reicht, meist ebenfalls bepackt mit Booten, Fahrrädern, Dachbox etc. – Saisonsiedler.

Die beste Reisezeit für Schweden sind die Sommermonate von Juni bis September. Vor allem in Lappland ist es zu der Zeit bisweilen richtig heiß (von wegen kalter Norden). Wir haben in Kiruna in kurzer Hose und T-Shirt Eis gegessen (im August) und (ebenfalls im August) auf dem Fjäll den ersten Nachtfrost gehabt. Es ist also sinnvoll (wie in den Ausrüstungstips beschrieben), sich für einen Schwedenurlaub kleidermäßig auf alles einzustellen, von ganz heiß bis ziemlich kalt, dann kann fast nichts mehr passieren.

Zunächst mal versammeln sich alle Skandinavienfans in großen Staus und Schlangen an den Fährterminals in Dänemark und Deutschland. Diese Fahrzeugmassen lösen sich wie von

Geisterhand jedesmal mit Ankunft einer Fähre auf, um sich die folgenden Stunden nach deren Abfahrt langsam wieder zusammenzuballen. Ein Ferienperpetuum, das beeindruckend ist. Noch beeindruckender aber wird es auf der schwedischen Seite, wo alle Urlauber erst einmal an Land gespuckt werden. Haben Sie die Zollprozedur hinter sich (in der Regel heben Sie nur eine kleine grüne Plakette, um zu zeigen, das nichts in Schweden Verzollbares an Bord ist), geht es auf guten, trotzdem bisweilen schmalen Straßen ins Inland. Plötzlich werden Sie etwas feststellen, das zu den schwedischen Schlüsselerlebnissen zählt: Sie sind alleine auf der Straße, alle anderen Camper, die vorhin noch bei ihnen waren, sind weg. Sie sind wirklich allein und werden es immer mehr sein, je weiter Sie nach Norden fahren! D.h. Sie werden irgendwann mal bekannte Gesichter auf einem Campingplatz wiedersehen (vor allem weit oben in Lappland), doch ansonsten ist dieses Land so groß, dass sich alles irgendwie verteilt, sogar die Trecks der Urlaubssiedler.

Den einzigen Stau haben wir erlebt, als wir auf die Insel Öland fahren wollten – und weil wir der Meinung waren, Staus haben wir doch gar nicht nötig, sind wir einfach wieder weggefahren. Öland und die Campingplätze an der südschwedischen Küste sind in der Sommerferienzeit die einzigen Gebiete, an denen eine Reservierung vorteilhaft sein kann, vor allem wenn Sie länger an einem Ort bleiben wollen – für ein oder zwei Nächte sind wir auf keinem Platz abgewiesen worden. Im Landesinneren sind die Campingplätze dann häufig so leer, dass wir uns fragten, ob sie überhaupt geöffnet sind. Es ist übrigens ratsam, sich für Freitag, Samstag und Sonntag einen festen Platz zu suchen, denn am Wochenende machen sich viele Schweden auf den Weg, um mit Wohnwagen oder Boot einige Tage im Grünen zu verbringen. Dann ist urplötzlich Leben auf den Campingplätzen (und oft auch auf der Straße), es wird gegrillt und nicht selten exzessiv getrunken. Wir haben übrigens in ganz Schweden keinen Campingplatz gefunden, der uns wirklich enttäuscht hätte. Gewaltige Unterschiede gibt's beim Preisniveau – vor allem die Stadtcampingplätze sind teuer, allerdings – wie z.B. der von Lulea – trotz ihrer Größe in der Regel pieksauber und gut organisiert. Der Schwedische Automobilclub „Motormännens Riksförbund" gibt eine jährlich aktualisierte Liste der zum Verband gehörenden Campingplätze heraus: „Svenska Campingguiden" – zumeist finden Sie die im ersten Touristenbüro, das Sie ansteuern. Mit dieser Liste kommen Sie gut durchs Land. Eine Besonderheit ist wohl noch erwähnenswert – die Öffnungszeiten. In der Regel legen sich die Campingplatzbetreiber nicht so richtig fest: *Hela Aret* heißt, hier können Sie das ganze Jahr kommen, *Sommaröppet* eben im Sommer, und der ist bisweilen Definitionssache. Ab Mitte September, Anfang Oktober können in der Tat einige Plätze geschlossen sein, das hängt immer vom ersten Frost, dem Ende der Ferien in Schweden und anderswo in Europa sowie der aktuellen Belegung ab. Ende September waren wir in Karesuando die einzigen auf dem Campingplatz und haben damit einen etwas reduzierten Service genossen, allerdings auch weniger bezahlt. Als Faustregel gilt, ab Mitte September wird's im hohen Norden schwieriger.

Nicht ganz unkompliziert ist die Anreise: Ein kurzer Blick auf den Atlas zeigt, dass Schweden nur mit der Fähre zu erreichen ist und ziemlich hoch im Norden liegt. Urlauber aus Süddeutschland, Österreich oder der Schweiz oder noch südlicheren Ländern haben erst einmal eine gewaltige Anfahrtsstrecke vor sich.

# Die Anreise

Planen Sie gute und großzügige Pufferzeiten ein, um nicht auf den letzten Drücker am Fährterminal einzutreffen. Zwei bis drei Stunden vor Abfahrt der Fähre ist wirklich höchste Eisenbahn, dann ungefähr werden die Ladespuren geöffnet, damit beim Eintreffen der Fähre alles blitzschnell geht. Die Aufstellung folgt einem mir nie durchschaubaren System und den Hinweisen des Lademeisters. Wer in dieser Parade einigermaßen weit vorne steht – und das klappt nur, wenn Sie rechtzeitig da sind – hat die Chance, auf der schwedischen Seite blitzschnell zu sein, dank des RoRo-Prinzips der Fähren. RoRo heißt übrigens Roll-on-Roll-off, und damit ist das wechselweise Ein- und Ausfahren zu Bug und Heck der Fähre gemeint.
Zur Ferienzeit haben alle Fährgesellschaften Hochsaison und zumeist Spezialangebote für Wohnmobile. Wenn Sie diese Angebote vergleichen, achten Sie auf die zugelassene Höhe, manche Gesellschaften packen die Wohnmobile über 3,20 Meter aufs Lkw-Deck und das ist oftmals um einiges teurer. Eine der klassischen Routen für Schwedenfahrer ist die Strecke Travemünde-Trelleborg, viele schwören auf die Route Grena-Varberg und von Sassnitz nach Trelleborg führt auch eine vielbefahrene Route. Sie können auch von Danzig oder aus dem Baltikum nach Schweden fahren – je nachdem, von wo Sie anfahren. Im Schweden-ABC am Ende dieses Buches finden Sie alle wichtigen Fährgesellschaften aufgelistet. Die Tickets gibt's im Reisebüro, und dann steht der Abfahrt nichts mehr im Wege. Sehr angenehm sind übrigens die Nachtfähren. Morgens zwischen sieben und neun Uhr im Urlaubsland ankommen und dann erst einmal den neuen Tag mit einem kleinen Bummel in der Hafenstadt beginnen – das hat etwas für sich. Und wer, wie wir, gleich einige Kilometer hinter sich bringen will, hat noch viel Zeit vor sich. Erkundigen Sie sich für ihre Routenplanung auf jeden Fall, ob Sie für Hin- und Rückfahrt ein und denselben Hafen benutzen müssen – bisweilen kostet die Überfahrt auf verschiedenen Routen eine ganze Menge Aufpreis. Falls die gleiche Fährgesellschaft verschiedene Häfen anfährt, ist ein unterschiedlicher Ankunfts- und Abfahrtsort zumeist leicht zu organisieren. Falls Sie außerhalb der Hauptsaison reisen und ein Hin- und Rückticket ohne feste Terminierung buchen (das gibt's!) müssen Sie in der Regel einige Tage vor der geplanten Abfahrt mit dem Büro der Fährgesellschaft telefonieren, um einen Platz zu reservieren. Das ist vor allem dann wichtig, wenn Sie noch nicht so ganz genau wissen, wie lange Sie bleiben wollen.

### Die Campingkarte

Halt, noch eins: Wenn Sie mit dem Wohnmobil ganz allgemein in Europa oder speziell in Schweden unterwegs

*Blau und Gelb – die Farben Schwedens*

sind, benötigen Sie ein Campingcarnet oder eine Campingkarte. Eine solche Karte ist nicht obligatorisch, aber wer sie nicht hat, merkt spätestens auf dem dritten Campingplatz, dass ein einchecken „mit“ um einiges schneller geht. Zum einen ist die Karte mit einer Unfallversicherung verbunden, z.B. wenn Sie beim Rangieren auf dem Campingplatz das Vorzelt Ihres Nachbarn samt seiner Sommerküche mal eben dem Erdboden gleichmachen, zum anderen brauchen Sie mit einer Campingkarte in der Regel keine Vorauszahlung auf die Platzmiete oder Kaution leisten. Das internationale Campingcarnet – erhältlich z.B. über alle Automobilclubs – wird in Schweden nicht mehr anerkannt, wohl aber die „Svenskt Campingkort“. Die kann auf dem ersten Campingplatz, den Sie anfahren, gelöst werden und gilt dann ein Jahr. Wir haben 49,– (SEK) dafür bezahlt und uns ein bisschen übers zusätzliche Abkassieren des Schwedischen Campingverbandes SCR geärgert. Da gibt es ein internationales Übereinkommen und ein internationales Campingcarnet und dann macht doch jemand seinen nationalen Kleinkram. Europa wird eben nicht von heute auf morgen geschaffen. In der Tat gibt es aber bei vielen Veranstaltungen, Campingplätzen, Museen etc. extra Ermäßigungen. Die schwedische Campingkarte kann auch per Post bestellt werden. Es reicht ein Brief an den „Sveriges Campingvärdars Riksförbund, Box 255, S-45117 Uddevalla“ – geben Sie alle wichtigen Angaben wie Name, Anschrift und Heimatland an, vergessen Sie die Unterschrift nicht. Wer Spass am Faxen hat, kann das unter der Nummer 0046–522–642430 tun. Alle bis Ende Mai eingehenden Bestellungen werden in der Regel rechtzeitig zum Sommerurlaub ausgeliefert.

Noch eine Information für ganz eilige Reisende: Alle Campingplätze mit dem Symbol „Quick-Stop“ (eine stilisierte Uhr, deren Zeiger auf 9 Uhr steht) bieten Inhabern der schwedischen Campingkarte einfache Stellplätze für eine Nacht zu reduzierten Preisen. Wer ab

21.00 Uhr abends ankommt, kein Vorzelt o.ä. aufstellen will, nur eine Nacht bleibt und bis 9.00 Uhr wieder abfährt, bekommt zwischen 35 und 50 Prozent Ermäßigung. Lediglich Strom wird mit dem Normaltarif berechnet.

**... und was geschieht mit Waldi**

Und noch etwas, bevor wir in Göteborg an Land fahren: Der Hund und die Katze. Früher mussten Waldi und Mieze in Skandinavien für 4–6 Monate in Quarantäne. Inzwischen haben sich aber auch die Schweden, Finnen und Norweger durchgerungen, Haustiere ins Land zu lassen (siehe auch Schweden-ABC „Haustiere"). Die Prozedur kostet allerdings Geld und Nerven ... Eines der wichtigsten Kriterien ist die Tollwutimpfung, deren Wirksamkeit von einem anerkannten Labor nachgewiesen werden muss, sowie eine unveränderbare Identitätsmarkierung des Tieres (... der Halter hat ja seinen Pass). Also Tierarzt, Blutprobe, Einschicken ins Labor, Tätowierung oder Mikrochip (Achtung, es gibt verschiedene Lesestandards für die Identi-Chips in Europa ...), Einschicken der Formulare nach Schweden, warten auf die Antwort – all das kostet Zeit, Sie sollten wenigstens 3 Monate vor der Reise mit der Prozedur anfangen. Am Zoll wird es dann noch mal lustig: die Kontrolle. Ich bin mit allen Papieren ins Zollamt gegangen, um meinen Stempel abzuholen. „Gut", sagt mir eine freundliche Zollbeamtin in Uniform, „Dann wollen wir den Hund mal ansehen." Offensichtlich habe ich sie völlig entgeistert angeschaut, denn sie zog mich nach draußen und sagte noch mal mit Nachdruck: „Ich möchte die Nummerntätowierung kontrollieren ..." Zur Erklärung sei hier gesagt: Wir haben einen 54 Kilogramm schweren Hütehundmischling, der sich nicht so ohne weiteres von fremden Menschen in Uniform in die Ohren schauen lässt – da aber steht seine Nummer. Ob die Zollbeamtin immer noch jeden Hund kontrolliert, weiß ich nicht.

*Auf dem Weg nach Schweden*

# Spaziergang in Göteborg

Die Göteborger sind Weltmeister – das müssen sie auch sein, um ihr Selbstwertgefühl zu erhalten, denn in Schweden steht ihre Stadt auf Platz zwei hinter Stockholm. Doch das betrifft nur die Zahl der Einwohner – 450.000 sind es heute, die in der im 17. Jahrhundert gegründeten Stadt leben. Zu Zeiten des Erbauers Gustavs II. Adolfs hatte die Stadt einen großen holländischen Bevölkerungsanteil, das spiegelt sich in der Architektur der Häuser wider, denn es waren nicht wenige holländische Ingenieure am Werk. Sie legten auch einige Kanäle an, von denen heute aber nur noch zwei existieren: Der Stora Hamnkanal und der Vallgräven. Wenn Sie noch nicht nach Norden eilen wollen, nehmen Sie sich die Zeit für eine Kanalfahrt. Einige Schmuckstücke Göteborgs – so das Haus der ehemaligen Ostindischen Kompanie – liegen am Kanalufer. Das 1750 errichtete Gebäude der Ostindischen Kompanie in der Norra Hamngata 12 beherbergt heute das Historische Museum (Historiska Museet) sowie das Archäologische und das Ethnographische Museum. Letzteres lege ich Ihnen ans Herz – vor allem die Ausstellungen über das Leben der Eskimos und Lappen. Göteborgs ältestes Haus, das Kronhuset, liegt nicht weit entfernt in der Kronhusgata. Es wurde schon 1643 erbaut und im Laufe der Zeit als Magazin, Zeughaus und Garnisonskirche genutzt. Heute ist das Stadtmuseum in seinen Mauern zu finden.

Am Touristenbüro können wir problemlos den Camper stehenlassen. Der *Kungsportsplatsen* ist auch der Ausgangspunkt von Göteborgs lebendigster Straße, der *Kungsportsavenyn*. Auf dem bald 50 Meter breiten und von gewaltigen Bäumen gesäumten Boulevard wird flaniert und Kaffee getrunken – hier machen wir auch gleich Bekanntschaft mit einer schwedischen Sprach-Besonderheit: Im Café wird Bier getrunken, und wer eine Tasse Tee oder Kaffee mag, geht in die Bar. Wunderschöne Tradition in Schweden – die zweite Tasse Kaffee ist gratis. Lassen Sie sich also nicht verwirren: Ein *Öl-cafe* – das ist eine Bierstube. Ausgeschenkt wird hier in der Regel das leichte *Lättöl,* dessen Geschmack ir-

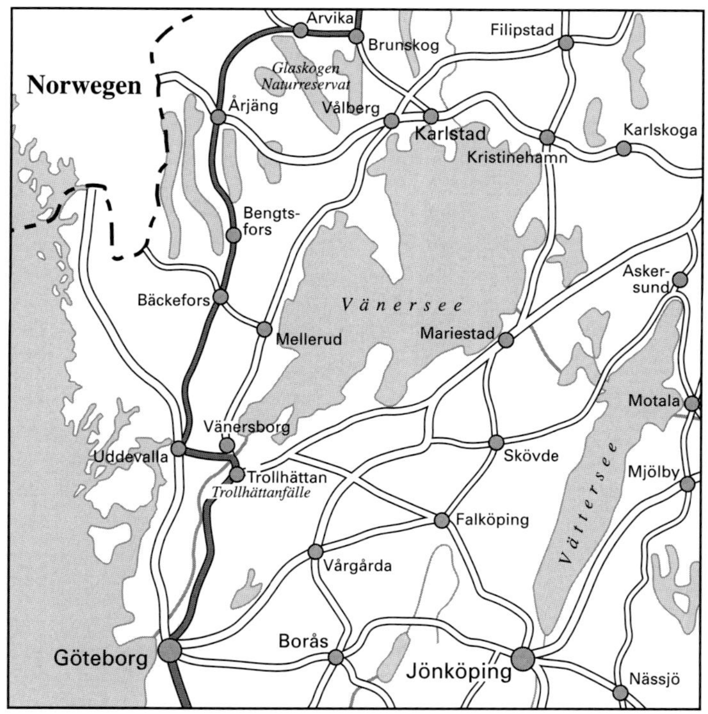

gendwo zwischen abgestandenem Volksfestbier und Spülwasser anzusiedeln ist. Das sei hier nur als Warnung für genießende Biertrinker gesagt, nach einer Eingewöhnungszeit – und wenn das Lättöl schön kalt ist – wird es sogar trinkbar. Nach vier Monaten Schwedenaufenthalt hat es mir fast gefehlt...

Am Ende der „Avenyn", wie die Göteborger ihre Flaniermeile liebevoll nennen, liegt der Götaplatz mit seinem gewaltigen Poseidonbrunnen. Rund um den Platz gibt's geballte Kultur – Stadttheater, Konzerthaus und das Kunstmuseum mit der wohl bedeutendsten Sammlung skandinavischer Kunst und einigen wunderschönen Werken von Rembrandt, Rubens, van Gogh, Picasso und Cézanne. Kurz vor dem Götaplatz lohnt auch noch ein Blick in die Stadtbibliothek Göteborgs – hier hat sich ein schönes Puppenmuseum mit angesiedelt.

### Gartenstadt

Göteborg hat einen besonders langen Sommer, und das genießen die Menschen. Allein 20 große Stadtparks laden zum Bummel ein und damit trägt Göteborg den Ruf einer grünen Stadt wirklich zu Recht. Wir wollen einen der kleinsten Parks besuchen: Vom Touristenbüro gelangen wir über die Kungsportsavenyn in den *Trädgardsföreningens-Park*, der sich am *Vallgraven* erstreckt. Das *Palmhuset* mit seinen Tropenpflanzen und das Rosarium mit fast 10.000 Rosen sind die Attraktionen des kleinen Stadtparks, den die Göteborger liebevoll „Trägar'n" nennen. Stadtbibliothek, Kunstmuseum, Schifffahrts- und Naturhistorisches Museum, Liseberg, der 1923 eröffnete größte Vergnügungspark Skandinaviens, einer der größten botanischen Gärten der Welt, der größte Fischmarkt und das größte Tanzlokal – ich sagte doch, die Göteborger sind Weltmeister und haben sich ganz viele Dinge gesucht, mit denen sie an erster Stelle stehen können. Um das alles zu Fuß zu schaffen, müssen sie eine gute Kondition haben – oder aber, wie die Göteborger, ein anderes Verkehrsmittel benutzen: die Straßenbahn. Mit der können sie auch auf die Festung *Skansen Kronan* fahren – ein letzter Blick auf die Stadt von dort und auf den Hafen. Ein Tip noch für echte Stadtstreicher: Wenn Sie mehrere Tage in Göteborg bleiben, dann sollten Sie im Touristenbüro nach der Göteborg-Card fragen, die Ihnen eine Menge Vergünstigungen gewährt. So brauchen Sie in den öffentlichen Verkehrsmitteln nicht zu zahlen, kommen umsonst in den Vergnügungspark Liseberg und einige Museen und bekommen Ermäßigungen für viele andere Dinge wie Stadtrundfahrten, einige Restaurants etc. Wir aber nehmen Abschied vom Stadtleben und machen uns auf, um in die einsameren Gegenden Schwedens vorzudringen. Die Elche rufen...

### Hier geht's lang: Göteborg – Trollhätan – Uddevalla – Lennungshammar (Glaskogen Naturreservat)

Die Stadt Göteborg ist quasi Vize-Metropole Schwedens. Demzufolge – und weil die Stadt am Götaälv Schwedens bedeutendster Hafen ist – werden wir bei unserer Ankunft mit lebhaftem Verkehr begrüßt. Die Straße Nr. 45 nach *Trollhättan* ist schon im Zentrum gut ausgeschildert. Am Götaälv entlang fahren wir Richtung Norden durch einen noch recht dicht besiedelten Teil

Schwedens. Trollhättan ist eines der Industriezentren Västergotlands. Hier werden unter anderem Autos, Flugzeugtriebwerke und Elektrogeräte hergestellt. Auch der Abstecher zum Automobilmuseum von Saab ist gut ausgeschildert. In Trollhättan verlassen wir die 45 und setzen unseren Weg auf der Straße Nr. 44 Richtung *Uddevalla* fort. Dort zweigt die kleine Landstraße 172 rechts ab und über Färgelanda und Högsäter arbeiten wir uns langsam in die dünner besiedelten Gegenden Dalslands vor. Ab und zu ein Haus, ein Briefkasten an der Straße, ansonsten Wald, noch etwas Landwirtschaft und immer mehr Einsamkeit. Bei *Högsäter* befindet sich übrigens ein guter Campingplatz für alle, die einfach erst mal eine Nacht ausschlafen wollen, bevor es richtig weiter geht. (Beschilderung Richtung Ragneruds folgen). Nun auf der 172 vorbei am Laxsjön, durch Billingfors und Bengtsfors. Wie eng das Leben hier mit dem Wasser verbunden ist, zeigt sich auch in den Ortsnamen: fors ist das schwedische Wort für Wildbach, Stromschnelle. Von *Gustavsfors* an fahren wir am Ufer des *Västra Silen* bis *Ärjäng* und biegen nach etwa sieben Kilometern (in Höhe von Ström) von der 172 ab auf die Straße nach *Lennungshammar*. Diese Straße hat keine Nummer und irgendwann auch keinen festen Straßenbelag mehr. (Achtung: sehr romantische Strecke mit teilweise heftigen Steigungen und gemeinen Schlaglöchern – nichts für Wohnanhänger, die sollten über Arvika und Glava anreisen, diese Strecke nach Lennungshammar ist asphaltiert). Nach etwa 15 Kilometern kommen wir im kleinen Zentraldorf des *Naturreservats Glaskogen* an. Wenn Sie auf Anhieb keinen Campingplatz entdecken – gut so, deshalb fahren wir ja hier hin. Rund 30 Einwohner hat das Dorf mitten im Wald zwischen den beiden Seen Övre Gla und Stora Gla, außerdem die einzige Telefonzelle des Naturschutzgebiets, den einzigen Laden, das Infozentrum der Stiftung Glaskogen und eine Sauna. Nicht schlecht für einen Einstieg in skandinavische Einsamkeit und intensives Naturerleben. Also bleiben wir erst mal einige Tage, um mit Boot, Fahrrad und per pedes die Gegend zu erkunden.

**Streckenlänge: ca. 270 km**

**Auskunft**

Göteborgs Turistbyra
Kungsportsplatsen 2
S-41110 Göteborg
Telefon: 031-100740
Telefax: 031-132184

**Übernachten**

Göteborgs Camping Kärralund
Delsjövägen/Olsbergsgatan
41655 Göteborg
(relativ zentraler Stadtplatz; ganzjährig geöffnet)

**Was lohnt sich besonders**

* Stadtbummel mit Kanal- und Hafenrundfahrt
* Festung Skansen Kronan
* Parks
* Botanischer Garten
* Fischmarkt „Fiskekörka“
* Industriebesichtigungen (z. B. Volvo – Anmeldung über Touristeninfo)

# Aufbruch ins Land der Elche

Nein, das ist unsere private Badeecke – kein Problem, die drei Wanderer verschwinden wieder im Wald und suchen sich ein anderes, abgelegenes Uferstückchen, um sich in das glasklare Wasser zu werfen. Drängeln muss hier niemand, es ist so viel Wasser und so viel Platz, dass manch ein Ostseestrandurlauber vor Neid erblassen würde. Nach Fähre und dreihundert Anfahrtkilometern mal so richtig die Seele baumeln lassen, dafür sind wir im Glaskogen-Naturreservat ganz richtig. Ein Naturschutzgebiet mit gut 300 Kilometer Wanderwegen, etlichen Kilometern fahrradtauglichen Waldwegen und unendlich viel Wasser zum Baden, Schwimmen, Kanufahren.

**Der erste Elch – Ankunft in Glaskogen**

Also – die Ankunft in Lennungshammar lässt schon einiges vermuten – 30 Einwohner hat dieses Dörfchen, einen kleinen Laden und eben die Informationszentrale der Stiftung Glaskogen. Einen Stellplatz mit Stromanschluss können Sie im Laden buchen, der Plan führt Sie auf eine kleine Waldlichtung. Ein Netz von Wegen und Lichtungen rund um Lennungshammar beherbergt – wenn's denn mal voll ist – rund 130 Wohnwagen oder Wohnmobile. Kaum einer merkt etwas vom anderen, die Abstände sind großzügig bemessen und so erleben wir hier erst mal die totale Ruhe. Wobei auch das Wort Ruhe relativ ist, denn der Wald ist außerordentlich lebendig. Grasmücken, Spechte, Neuntöter, Tannenhäher, Habichte, Bussarde und verschiedene Eulenarten sind im Nadelwald des Glaskogen-Naturreservats zu Hause. Außerdem Rehe, Hasen, Füchse und Dachse – an einigen Stellen gibt es wunderschöne Biberburgen zu sehen und natürlich treffen wir die schwedischen (oder skandinavischen) „Nationaltiere", die Elche, auch hier an. Zu guter Letzt kommen auch die Angler nicht zu kurz, denn die Seen im Glaskogen sind noch nicht so sehr geschädigt wie viele andere in Schweden. Barsche und Hechte, Weißfische und Aale, Saiblinge und Lachsforellen leben in den Gewässern rund um Store Gla und Övre Gla. Den notwendigen

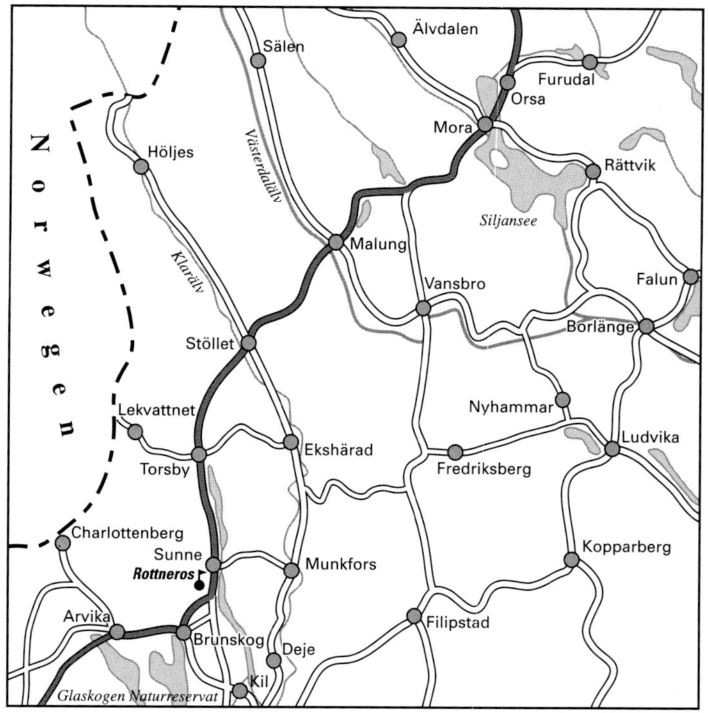

Angelschein – die Glaskogen Besuchskarte – gibt es übrigens auch im Laden von Lennungshammar. Mit den Angelscheinen ist das in Schweden so eine Sache, es heißt in der Schweden-Werbung immer so schön „an vielen Binnengewässern ist das Angeln mit Handangelgeräten frei". An vielen heißt aber auch: nicht an allen, und das steht nicht unbedingt auf einem Schild neben dem See. Viele angeln „ohne", und das kostet, wenn man erwischt wird. Manche Gemeinden haben für „ihre" Seen eine eigene Besuchs- und Angelkarte, bisweilen gibt es auch für größere Bezirke einen Angelschein. Beste Auskunftsmöglichkeiten (und häufig auch Verkaufsstellen) sind die Touristenbüros und Tankstellen. Fragen Sie lieber nach, bevor Sie einem Polizisten oder Naturparkwärter erklären müssen, dass Sie an dieser Schnur im Wasser doch nur einem Regenwurm Schwimmunterricht geben.

Das Glaskogen-Naturreservat zu nutzen und zu genießen ist fast ein eigener Urlaub für sich, ein Paradies für Naturbeobachtung. Eine der schönsten Wanderungen führt rund um den südlichen der beiden Seen, den Stora Gla. Wir starten in Lennungshammar und wandern auf gut bezeichneten Wegen und Pfaden durch absolute Waldeinsamkeit. Sieben Unterstände und zwei Übernachtungshütten liegen auf der etwa 40 Kilometer langen Strecke. Je nachdem wie gut Sie zu Fuß sind, sollten Sie nicht mehr als 10 bis 15 Kilometer pro Tagesetappe einkalkulieren, denn die zu überwindenden Höhenunterschiede sind beträchtlich. Wir haben uns vier Tage Zeit genommen, um die Wanderung zu machen. Wichtige Ausrüstung dafür: Auf jeden Fall ein guter Tourenrucksack, Schlafsack (ausreichend warm), Kochgeschirr und Isomatte. Es kann schon mal vorkommen, das eine Hütte besetzt ist und Sie die Nacht im Windschutz oder im Freien verbringen müssen. Allen Tourproviant bekommen Sie in Lennungshammar im Laden, außerdem vieles an Angel- oder Wanderzubehör.
Die gleiche Tour kann man im übrigen auch auf der Wasserseite machen, mit Kanu oder Kajak. Die gibt es – für alle, die ihr Boot nicht mitgebracht haben – auch im Laden von Lennungshammar zu mieten. Dazu gibt es immer ein kleines Wägelchen für all' die Passagen, die sie nicht auf dem Wasser zurücklegen können. Das sind niemals mehr als 100 oder 200 Meter, doch einen Alukanadier mit Gepäck zu tragen, ist eine recht anstrengende Sache. Also hilft man sich – wenn möglich – gegenseitig, das Boot aus dem Wasser zu ziehen.
Das Baden und Fahrrad fahren ist im Übrigen umsonst im Glaskogen Naturreservat – für alle anderen Aktivitäten, bei denen Sie die Anlagen zum Übernachten oder die Kanutrails etc. benutzen, müssen Sie eine Glaskogen Besuchskarte kaufen. Mit der dürfen Sie dann aber auch fischen (s.o.).
Bevor Sie die Wildnis selber entdekken, noch einige Tips und Informationen: Glaskogen ist ein Naturreservat, nicht etwa ein Nationalpark. Das bedeutet, es gibt unbewirtschaftete Ruhebereiche, aber auch intensiv forstwirtschaftlich genutzte Zonen. Passen Sie gut auf, wenn Sie ein solches Gebiet durchfahren oder durchwandern. Vor allem die großen Rodungsmaschinen und die in Schweden bis zu 60 Tonnen schweren Langholztransporter sind respekteinflößende Ungetüme. Wenn

Sie ihnen auf geschotterter Straße mit dem Wohnmobil begegnen, fahren Sie möglichst weit an den rechten Straßenrand, und sollten Sie mal hinter einem solchen Transporter hängen, machen Sie 'ne Pause und lassen Sie ihm einen gehörigen Vorsprung, wir haben (weil wir diese Regel nicht befolgt haben) unsere Windschutzscheibe eingebüßt.

- Auf der Wanderung dürfen Sie zwei Tage in der gleichen Hütte oder im Unterstand bleiben, danach müssen Sie weiterziehen – schließlich sind diese Plätze keine Ferienhäuser.
- Ungeschriebenes Gesetz auch, dass man eng zusammenrückt, sollte das Wetter böses Spiel treiben.
- Für die Wasserversorgung ist gesorgt, die verschiedenen Ziehbrunnen sind in der Glaskogen-Wanderkarte eingezeichnet.
- Im Herbst wird in einigen Gebieten die Elchjagt eröffnet, dann kann es gefährlich sein, wenn Sie abseits der Hauptwege wandern – erkundigen Sie sich vorher im Laden oder in der Glaskogen-Information.
- Wenn (und das gilt in ganz Schweden) eine rote Fahne mit einem gelben diagonalen Kreuz aufgezogen wird, gilt wegen Waldbrandgefahr ein absolutes Feuerverbot.

Das Glaskogen-Naturreservat ist immer eines unserer Lieblingsziele im Westen Schwedens gewesen und weil es so ein richtiger Ferienanfang ist, sein privates Badeeckchen mit Unterwasserfelsen zum Sonnen im seichten Wasser gefunden zu haben, habe ich den Besuch des Naturreservats und die Suche nach dem ersten Elch auch an den Anfang dieses Reiseführers gestellt. Jetzt lade ich Sie ein, mit uns in

*Traditionelle schwedische Baukunst*

die Zivilisation zurückzukehren – doch nicht in die heutige, nein, in ein Schweden vor 50, 80 oder gar 100 Jahren. In eine Zeit, als viele tägliche Gebrauchsgegenstände noch von Handwerkern hergestellt wurden, als das Boot mit den Kirchgängern noch über den See gerudert wurde und die Ankunft der Postkutsche ein Ereignis im Dorf war.

**Hier geht's lang: Lennungshammar – Arvika – Brunskog**

Auch wenn's schwerfällt, irgendwann müssen wir uns von unserer Natureinsamkeit im Glaskogen Naturreservat verabschieden. Auf landschaftlich schöner Strecke (wie fast überall in Schweden) fahren wir über Glava am *Glavsfjorden* entlang Richtung *Älga* und von da weiter über Fröbol und Vik bis wir auf die Straße Nr. 172 stoßen. Scharf rechts abgebogen geht es auf dieser Straße weiter nach *Arvika*. Ab dort fahren wir auf der 61 weiter.

Wer ein wenig Zeit, Lust und Laune mitgebracht hat, kann in Arvika einen netten Abstecher auf der 175 nach *Klässbol* machen. Sehens- und hörenswert dort die alte Leinenweberei Klässbol, die noch heute mit riesigen mechanischen Webstühlen arbeitet und das in ganz Schweden – besonders im königlichen Haushalt – geschätzte Damasttuch herstellt. Wie überall in Schweden sind die Besuche einfach und unkompliziert, die Besucherwege sind auf den Boden gezeichnet und so schlendert man mitten durch die Weberei, kann Fragen loswerden und fotografieren. In einem kleinen Fabrikverkauf können Sie – am Anfang der Reise ist der Stauraum für Mitbringsel ja noch frei – edle Tafeltücher zu erschwinglichen Preisen kaufen.

*Bauernhof in Mittelschweden – Wirtschaftsgebäude ...*

Entweder geht's auf der 175 zurück nach Arvika – auch dieses Städtchen hat Charme und ein gutes Jazzfestival im Sommer – oder Sie biegen in Höhe von Hungvik auf eine kleine Nebenstraße Richtung *Högerud* und *Edane* ab, um von dort (in Edane rechts abbiegen) über Sandviken und Berga zurück auf die 61 zu kommen, der wir noch bis *Brunskog* folgen. Am Ufer des *Värmelen-Sees*, etwa 4 Kilometer vom Ort Brunskog entfernt (von der Straße Nr. 61 gut ausgeschildert), liegt der Campingplatz – einfach, aber ausrei-

*... und die alte Werkstatt*

*Zu Fuß oder mit dem Auto: Hier geht's lang*

chend für ein paar Nächte, da wir uns tagsüber sowieso auf der Gammelvala vergnügen.
**Streckenlänge: ca. 60 km**

**Die Gammelvala in Brunskog**
Der Glafsfjord strahlt uns in seinem schönsten Blau an. Kleine Wolkentupfer am Himmel und geschäftiges Treiben auf der Erde – es ist wie im Bilderbuch. In der Luft hängt ein schweres Gemisch aus Düften und Gerüchen, der Dunst frischen Holzteers mischt sich mit dem Rauch des Meilers, irgendwo kräuselt sich der appetitanregende Duft gebackenen Specks um unsere Nasen, die alte Dampfmaschine im Sägewerk schwitzt heißes Öl – das alles ist Gammelvala und noch viel mehr. „Alte Welt" heißt es ganz einfach in der Übersetzung, für die Einwohner von Brunskog ein jährliches Fest – verbunden mit viel Arbeit – und in Schweden ein (berühmter) Geheimtip. Gut 50.000 Besucher finden alljährlich den Weg in das kleine Dörfchen, um sich von einem Spaziergang in die Vergangenheit verzaubern zu lassen. Dann ist auf den Campingplätzen rund um Brunskog lebendiges Treiben bis spät in die Nacht. Trotzdem haben wir – irgendwie ein schwedisches Phänomen – nie das Gefühl gehabt, hier ist es zu voll. Die Gammelvala macht übrigens noch etwas anderes überdeutlich: die Liebe der Schweden zu Tradition und alten Bräuchen. Fast jedes kleine Dorf hat sein Heimatmuseum – in Brunskog erwecken es die Bewohner zum Leben, um den Jüngeren von „früher" zu erzählen, ihnen alte Handwerke zu zeigen und sie damit zu überliefern, um die Generationen in einem Fest zusammenzubringen. Diese Idee finde ich bewundernswert.

Wenn der Meiler aufgeschichtet und angezündet ist, hat die Gammelvala begonnen. Es ist eine der beliebtesten Arbeiten bei den Jungen, zusammen mit dem Köhler Meilerwache zu halten, denn das bedeutet für die Dauer von 9 Tagen und Nächten in der „Kote", der Köhlerhütte zu leben. Die produzierte Holzkohle wird in kleinen Säcken verkauft (und zumeist fürs Grillen auf dem Campingplatz am selben Abend wieder angezündet ...). Unweit des Meilers steht ein dampfendes lackschwarz- und messingblitzendes Ungeheuer, dessen Lärm bisweilen das geschäftige Treiben und Palavern übertönt. Extra für die Gammelvala wird die Dampfmaschine aus dem Museum ausgeliehen und im alten Sägewerk wieder in Betrieb genommen. Wieder einige Schritte weiter steht ein motorgetriebener überdimensionaler „Krauthobel". Wofür der denn gut sei, wollen wir wissen – ganz einfach, damit werden Schindeln geschnitten für Dächer und Wände. Die große Gemeindescheuer in der Mitte des Dorfes beherbergt viele kleine Handwerkerateliers. Da werden Knäckebrotstocher aus Draht gewickelt, große Holzschalen aus Baumverwachsungen und Holzklompen geschnitzt, Fischernetze geknüpft, Spandöschen gebaut, Körbe geflochten – das alles können wir nicht nur ansehen oder einkaufen, die Menschen erzählen über ihr Handwerk und ihre Arbeit, sie zeigen bereitwillig, wie's geht und lassen uns auch gerne mal selbst probieren. Plötzlich leert sich die Scheune – das Kirchboot ist angekommen, heißt es. Am Steg steht schon eine große Menschenmenge, die das langsam herangleitende Ruderboot begrüßt. Kirchboot war für die Menschen gleichbedeutend mit Nachrichten und Neuigkeiten, Tratsch und Klatsch aus den Nachbardörfern. Wer während der Gammelvala damit einmal auf den See herausfahren will, kann auch das tun.

Am Ufer des Sees stehen einige Frauen und waschen die frisch gefärbte Wolle – ein Holzständer ist mit leuchtend farbigen Wollsträngen behängt und in einem kleinen Topf auf dem Feuer brodelt die gekochte Seife. Der Duft des Specks wird unwiderstehlich, eine Portion dieses alten Bauerngerichts tut jetzt gut. Speck, dunkle Mehlpfannkuchen und ein großer Klecks Waldbeerenkonfitüre – für uns ist jetzt erst mal Versperzeit.

Gegen 19 Uhr schallt das Posthorn über den Dorfplatz. Die Postkutsche – Leihgabe aus dem Museum von Malmö – kommt an, um die Postsäcke des kleinen Dorfpostamtes abzuholen. Während der Gammelvala gibt es in Brunskog einen Sonderstempel, der natürlich heiß begehrt ist – lediglich die Höhe des Portos entspricht nicht der guten alten Zeit. An der Postkutsche treffe ich einen alten Bekannten – es ist das Pferd des Holzfuhrwerks, das am Morgen noch die Stämme ins Sägewerk brachte, wahrscheinlich hat es zwei Teilzeitstellen, eine im öffentlichen Dienst und eine im Handwerk. Bevor wir einige Kleinigkeiten fürs Abendessen im Dorfladen einkaufen, werfen wir noch einen Blick auf den Parkplatz mit den Oldtimern – fast jedes Jahr ist an einem Tag der Gammelvala ein großes Oldtimertreffen. Alte Autos trifft man in Schweden zuhauf, auch das ist eine der großen Leidenschaften der Menschen hier. Chromblitzend und blankgewienert stehen die Oldies in Reih' und Glied, erzählen von altem Reichtum und neuem Glück, harter Arbeit und wochenendlichen Ausflügen ins Grüne. Ab und zu zeigt ein verschämtes Ölpfützchen, dass die Dichtungen nicht mehr die jüngsten sind, doch beim Korso der alten Vehikel klappern, schnaufen, schnurren und rattern alle aus eigener Kraft durchs Museumsdorf.

Einer unserer reichen Tage in Brunskog neigt sich dem Ende zu – die alte Welt hat viel über die Menschen hier verraten, die Alten und die Jungen, vor allem aber über die harte Arbeit und Einsamkeit, die hier im Norden bisweilen den Menschen ein hartes Regiment auferlegte. Da war jede Gelegenheit, froh oder besinnlich zusammenzukommen, willkommen. Also ist es auch alte Tradition, die Arbeitstage im Museumsdorf in der Kirche ausklingen zu lassen. „Folkmusikstund i Kirkan" heißt es im Programm – am ersten Abend steht Händels Messias auf dem Programm. Die Kirche ist bis auf den

letzten Platz gefüllt, Arbeit und Andacht, das gehört hier fest zusammen. Ich habe nur wenige Kirchen in Skandinavien gefunden, die derart fröhlich und hell sind. Nach einem Brand haben die Brunskoger ihre äußerlich alte Kirche innen mit den typischen transparenten Holzlasuren und lichten Farben geschmückt. Diese Kirche übt eine fast seltsam anmutende Faszination aus – es ist der Zauber von Landschaft und Leuten, Begegnung mit der Geschichte und der Kultur und Frömmigkeit der Menschen. Während wir Abschied nehmen von der Gammelvala hören wir vom See das Horn des Passagierdampfers „M/F Wermelen", der zu seiner letzten Rundfahrt aufbricht. Neben ihm wirkt das „kyrkbaten" klein und zerbrechlich – alt und neu nebeneinander, die Menschen in Brunskog haben der Tradition einen überzeugenden Platz eingeräumt.

Uns treibt es weiter und noch eine Weile möchten wir Sie einladen, Menschen, Bräuche und Traditionen mit uns zu erleben. Auf dem Inlandsvägen, der Hauptverkehrsstrecke in Süd-Nord-Richtung geht es weiter, dem Land der Sami entgegen.

**Hier geht's lang: Brunskog – Sunne – Torsby – Malung – Mora – Vamhus**

Von Brunskog aus geht's auf der Nebenstraße weiter. 17 Kilometer folgen wir der 238, um in Västra Ämtervik auf die Straße Nr. 45 zu gelangen. Dieser Route (45) werden wir auf unserem Weg gen Norden lange folgen, sie ist die wichtigste Nord-Süd-Verbindung im Inland. Zunächst einmal lassen wir unser Wohnmobil bis *Torsby* und *Fryksände* am Westufer der beiden langgestreckten Seen *Mellan Fryken* und *Övre Fryken* entlangrollen. In Sunne,

*Gelebte Geschichte – Szenen der Gammelvala in Brunskog*

*Das Kirchboot legt an*

zwischen den beiden Seen gelegen, lohnt ein Abstecher nach *Marbacka*, dem Gutshof und Familiensitz der schwedischen Schriftstellerin Selma Lagerlöf, die 1909 als erste Frau den Literaturnobelpreis erhielt. Danach geht es 90 einsame Kilometer auf der 45 durch Wald-, Seen- und Moorgebiete. Die einzige (größere) Kreuzung erwartet uns auf der Hälfte der Strecke, dort überquert die 45 den *Klarälven* und schneidet bei *Stöllet* die 62, auf welcher wir 100 Kilometer weiter nördlich (genau gesagt Nordnordwest) in Langflon die Grenze nach Norwegen überqueren könnten.
Wir bleiben auf der schwedischen Seite und setzen unsere Fahrt nach Malung fort. Auf diesem zweiten Streckenteil überqueren wir die Grenze zwischen Värmland und Dalarna (dtsch.: „die Täler"). Dieser Teil Mittelschwedens ist nicht nur besonders reich an Elchen und Wildtieren (wie z.B. Bären und Luchsen), sondern auch das Paradies der Wanderer, Kanuten und Flößer. Eine kurze Pause legen wir in *Malung* ein. Immerhin gibt es im an Heimatmuseen nicht gerade armen Schweden hier eines der größten. Im nahegelegenen Dorf Berga ist übrigens der Startpunkt des legendären Wasalaufs mit dem „Vasalopp-Sten", wo alle Gewinner dieses Skilanglaufs eingraviert sind. Letzte Anstrengung – 70 Kilometer – und wir kommen in Mora an, dem Hauptort an der Nordspitze des Siljan-Sees. Bei *Vamhus – Sivasbacken*, 14 Kilometer nördlich, machen wir Station auf dem Campingplatz *Vamabadet*, um in den nächsten Tagen einige Ausflüge in der Gegend zu unternehmen.

**Streckenlänge: ca. 240 km**

**Auskunft**
Arvika Turistbyra
Stadsparken
S-67132 Arvika
Telefon: 0570-13560, 13660
Telefax: 0570-13501

**Auskunft und Übernachten**
Glaskogens Camping und Informationscenter
Lennungshammar
S-67020 Glava
Telefon: 0570-44070
(ganzjährig geöffnet)

Brunskogs Camping
S-67194 Edane
Telefon: 0570-52275
(im Sommer geöffnet)

**Was lohnt sich besonders**
* Glaskogen Naturreservat
* Gammelvala Brunskog
* Maschinen-Damastweberei Klässbol
* Glava Glasbruk
* Industriebesichtigungen in Trollhättan
* Kanalmuseum und Schleusentreppe (32 m Höhenunterschied) von Trollhättan

# Inlandsvägen, Via Lappia und Vildmarksvägen

Nichts als Natur – so hatte ich mir als Stichwort in meinen Reisenotizen vermerkt. Bevor wir uns ein wenig in Mora und rund um den Siljan-See umschauen, möchte ich etwas über die Reisestrecke erzählen. Es gibt viele Straßen, Wege und Pfade in Schweden. Die zwei wichtigsten verlaufen in Nord-Süd-Richtung. Im Landesinneren ist es der „Inlandsvägen“, der vielfach parallel zur Inlandsbahn von Halmstadt über Gällivare bis Karesuando führt. In Göteborg beginnt die Via Lappia, die sich in Mora – wo wir jetzt gerade stehen – mit dem Inlandsvägen vereinigt. Diese Route ist recht gut ausgebaut, im Süden meist noch etwas breiter, im Norden gibt es schon auch mal Streckenabschnitte, die nur geschottert sind. Die zweite Nord-Süd-Lebensader Schwedens ist die E 22/E 4 an der Küste. Die E 4 beginnt in Helsingborg und führt über Jönköping, Linköping und Norrköping zur Ostseeküste. Wer in Malmö losfährt, kann via E 22 sofort über die Küstenstrecke brausen und in Norrköping auf die E 4 stoßen, um über Stockholm und Lulea bis Haparanda an der schwedisch-finnischen Grenze zu gelangen. Über die E 4 werden wir zum Ende unserer Tour zurück in den Süden fahren. Sie ist größtenteils als Autobahn ausgebaut und daher als touristische Route auch recht langweilig – viel Industrie, größere Orte und eine höhere Bevölkerungsdichte lassen so ein Gefühl der Nordlandeinsamkeit – das viele Schwedenfahrer ja suchen – gar nicht erst aufkommen. Für Wassersportler allerdings ist die Route ein Muss, führt sie doch an der gesamten Ostseeküste entlang. Also fahren wir gemächlich via Inlandsvägen in die Nordkalotte, wie der nördlichste Teil Skandinaviens auch genannt wird. Und da haben wir auch schon unser Stichwort – Nordkalottvägen. Das ist der nördlichste der schwedischen Querverbindungswege, und von denen gibt es eine ganze Menge. Neben der Nordkalotte (wir kommen später noch mal darauf zurück) von Töre über Kiruna nach Narvik seien noch der Silvervegen von Skelleftea über Arjeplog

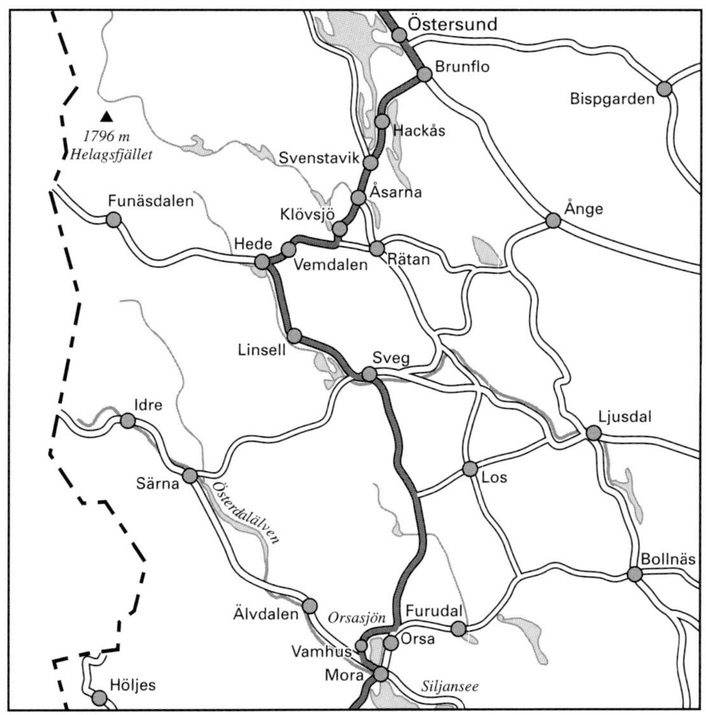

ins norwegische Lönsdal, der Vindeldalsvägen, der Bla Vägen von Umea bis nach Mo in Norwegen und der Pilgrimsvägen von Sundsvall über Bräcke, Östersund, Are nach Koppera erwähnt.
Jeder dieser Wege erzählt eine Geschichte, die es wert wäre, verfolgt zu werden. Vom Erz oder dem Silber der Lappen, von Meeren und Wassern, vom (letzten!) ungebändigten Fluss Vindelälven, von Pilgern und Auswanderern. Wir treffen Menschen und erleben Landschaften, die diese Menschen geprägt haben – das gilt übrigens in beide Richtungen – und Sie werden spüren, wie fest diese Menschen mit ihrer Natur und Region verwurzelt sind, wie zerbrechlich oftmals das ökologische Gleichgewicht ist und mit wieviel Vorsicht die „unendliche Freiheit“ im hohen Norden gelebt werden muss.

**Regionen ...**
Auf unserer Reise haben wir schon eine ganze Reihe Regionen durchfahren – Västergotland, wo wir noch weite Ackerflächen gesehen haben, Dalsland, das von einem anderen Reiseführer „Schweden im Mini-Format“ genannt wird (tatsächlich gibt es in der Provinz eine sehr abwechslungsreiche Natur mit viel Wald und Wasser). Schließlich sind wir durchs Värmland gefahren – hier gibt's die meisten Elche – und nun sind wir in Dalarna angekommen, in dessen Zentrum der Siljan-See liegt. Es ist eine der wenigen Gegenden Europas, in der noch freilebende Braunbären anzutreffen sind. Der Siljan-See wird oft das Herz Schwedens genannt, irgendwie stimmt das, denn die Tälerlandschaft mit dem kleinen bunten Dala-Pferdchen als Wahrzeichen ist nicht nur eine der vielseitigsten Gegenden Schwedens mit Bergbau, Industrie, Land- und Forstwirtschaft, sondern auch eines der touristischen Zentren des Landes. Es bietet dem Besucher die Möglichkeit zum Wandern, Fischen und zu Wassersport im Sommer sowie zum Skilauf im Winter. Wer von unserer Strecke einen Abstecher macht, der sollte nach Falun fahren – und E.T.A. Hoffmanns „Die Bergwerke von Falun“ als Vorbereitung lesen. Dort hat die Stora Kopparberg ihren Sitz, die wohl die älteste Firma der Welt ist. Ihre Chronik lässt sich bis ins 13. Jahrhundert zurückverfolgen. Das große Erdloch der Falu Gruva ist eigentlich kein Übertagebau, sondern auf einen Unfall im Jahr 1687 zurückzuführen, als während des Mitsommerfestes Teile des Kupferbergwerks einstürzten. Zwei Drittel der Weltkupferproduktion stammten einmal aus diesem Bergwerk. Kupfer spielt heute keine besondere Rolle mehr, wohl aber Blei, Zink, Eisenerz und ... Gold. Außerdem – ökologisch einwandfreies Neben- und Abfallprodukt – Faluröd, die rote Holzfarbe, die wohl für Schweden ebenso typisch ist wie Elche und Pippi Langstrumpf.

Mora und der Siljan-See sind ein guter Wendepunkt für all diejenigen, die jetzt noch nach Stockholm und ins südschwedische Glasreich wollen, aber nicht unbegrenzt Zeit haben. 320 Kilometer sind bis Stockholm zu fahren und wer dann noch mal 600 Kilometer für die Südschleife rechnet, kommt seit unserer Abfahrt in Göteborg auch auf gut 1500 Kilometer. Wer allerdings mit uns weiter gen Norden fährt, hat noch einiges vor sich – von

*Das kleine rote Pferd ist Trumpf – Willkommen in Mora*

*Hommage an eine Flucht auf Skiern – Das Wasalauf-Denkmal*

Mora bis Kiruna sind es noch mehr als 1100 Kilometer, ohne jeglichen Abstecher.

**Mora und das rote Pferdchen**

Zunächst schauen wir uns aber einmal in Mora um, jenem Örtchen, das ein kleines geschnitztes und rot angemaltes Pferdchen zu seinem Stadtwappen erhoben und zum „Schwedischen Symbol" gemacht hat.

Die Einwohner von Mora haben die Tradition des Schnitzens gepflegt. Angefangen hat es wohl in den Hütten des Waldes, nach langer Tagesarbeit. Man saß zusammen, erzählte Geschichten und die Männer schnitzten dabei. Dass es nun gerade ein Pferd war, ist gar nicht verwunderlich, denn ein Pferd war das Wertvollste, was eine Familie überhaupt besitzen konnte. Es arbeitete auf dem Acker und im Wald, es zog Holzstämme oder Kutsche, kurz: es war Traktor und Pkw in einem, und seine Präsenz im Stall gab den Menschen die Sicherheit, nicht allein oder von der Welt abgeschlossen zu sein. Ein Pferd war ein Stück Geborgenheit. Im 19. Jahrhundert wurde es Brauch, die Pferdchen mit fröhlichen Farben zu bemalen. Wandernde Händler nahmen es dann irgendwann einmal in ihr Sortiment mit auf und so begann das kleine Holztier seinen Siegeszug durch das Land. Noch heute wird es weitgehend in Handarbeit hergestellt. Bei unserem Stadtbummel in Mora begegnet uns das Pferd überall – seine älteste Produktionsstätte findet sich bei den Brüdern Olsson in Nusnäs. Dort können Sie auch in der Werkstatt schnuppern. 1939 wurden die Dala-Pferdchen sogar auf der New Yorker Weltausstel-

*Blick auf den Siljan-See*

lung gezeigt und so machten sie dem schwedischen Elch fast den Rang streitig.

Mora ist kein Städtchen um sich zu verlaufen, das Wohnmobil lassen wir an der Uferpromenade stehen, dort findet sich auch das Touristenbüro. Am besten gehen wir vom Wasa-Denkmal durch die Fußgängerzone (kaum zu verfehlen, es gibt nur eine) Richtung Lisselby. Der Wasalauf ist übrigens die größte Skiveranstaltung oder der größte Skilanglauf der Welt. 1922 wurde er das erste Mal zum Andenken an Gustav Wasas Flucht auf Skiern veranstaltet. In der Woche des Wasalaufs werden die Menschen in Mora auch noch im letzten Winkelchen beherbergt, allein 20.000 Teilnehmer sprengen in Mora alle organisatorischen Grenzen. An jedem ersten Sonntag im März wird dieser Lauf im Gedenken an den Gründer des schwedischen Staates gestartet – mit Teilnehmern zwischen 8 und 80 Jahren.
Doch zurück in die Fußgängerzone von Mora. Dort hat sich ein kleines Handwerkerzentrum etabliert, in dem sich trefflich einkaufen lässt. Neben Holzpferdchen werden nämlich in Mora phantastische Messer hergestellt, die Sie anderswo wesentlich teurer bezahlen müssen. Eines meiner besten Küchenmesser stammt aus der Messerschmiede Frost (Frosts Knivfabrik) aus Mora. Und dann gibt es noch etwas, dem man in Mora – neben allen möglichen Veranstaltungen rund um den Wasalauf – auf Schritt und Tritt begegnet: Es ist der Maler und Bildhauer Anders Zorn (1860–1920), berühmter Sohn der Stadt Mora, der im Übrigen auch das Wasadenkmal geschaffen hat. Also gibt es – als Stiftung von Emma und Anders Zorn – neben der Zornsgatan ein Zornmuseet und einen Zorngarden und ein Zornsgammelgard. Zorn gehört zu den bekanntesten Künstlern Schwedens, und wer im Zornsmuseet in Mora noch nicht genug gesehen hat, der kann einen großen Teil seines Schaffens auch im Göteborger Kunstmuseum bewundern. Zornsgammelgard hat uns am besten gefallen, ein lohnenswertes Freilichtmuseum, das die Holzarchitektur und die bäuerliche Kultur der Gegend mit

bald 40 verschiedenen Höfen und Gebäuden dokumentiert. Wer Vergnügungsparks nicht scheut, dem sei noch das Tomteland bei Gesunda (am Fuß des Gesundabergets) verraten. Auch schwedische Kinder glauben kaum noch an den Nikolaus, aber wenn, dann soll er dort wohnen.

**Die Bären von Orsa**

War Mora schon nicht groß, so ist Orsa wirklich klein zu nennen. Im Winter ist Orsa-Grönklitt allerdings ein Skizentrum mit 7 Liften und fast 100 Kilometern präparierter Loipen. Dann sind sogar eine ganze Menge Menschen dort. Seine Bekanntheit verdankt der Ort am Orsasjön heute jedoch eher einer zweifelhaften Sensation – dem Bärenpark Orsa-Grönklitt. Zoos und Tiergärten haben immer Befürworter und Gegner – auf 90.000 Quadratmeter haben die Erbauer dieses Freigeheges ein Jurassic-Park ähnliches Gebilde zusammenbetoniert, das den Tiergarten von seiner negativen Seite zeigt. Dafür kann man aus nächster Nähe und mittels Stegen sogar von oben Bären, Wölfe und Luchse beobachten. Bitterer Beigeschmack – all' diese Tiere gehören in der Region eigentlich in die freie Wildbahn der Finnmark, die man von den Aussichtsplattformen sehen kann. Man ist stolz auf den größten Bärenpark Europas und die Zuchterfolge – 1994 wurden in Grönklitt Bärenfünflinge geboren. Im Winter können die Besucher alles per Television erleben, einige Winterlager sind mit automatischen Kameras ausgestattet.

So ein Bärchen, begegnete es uns denn wirklich in freier Wildbahn, ist ein re-

spektheischendes Tier. Etwa 175 Kilogramm wiegt ein ausgewachsenes Männchen – ein Bärenjunges hingegen wiegt bei der Geburt gerade mal so viel wie ein ausgewachsenes Eichhörnchen, 250 Gramm. Die Jungen kommen während des Winterschlafs von November bis April etwa im Dezember/Januar zur Welt und werden auch im Winterschlaf gesäugt.

In der Zeit unserer Exkursionen rund um den Siljan- und den Orsa-See verbringen wir die Nächte auf dem Campingplatz Vamabadet direkt am See. Hier nach Vamhus verirren sich nur wenige Touristen, obwohl es auch hier eine interessante Volkskunst zu entdecken gilt: Die „Harkullorna“ – das sind Mädchen und Frauen, die sich auf eine besondere Kunst des Haareflechtens verstehen. Und wer bei seinem abendlichen Spaziergang einmal die Vamhuser Kirche anschaut, der achte auf die Büste von Erik Wikmann. Auf diesen Sohn der Stadt sind die Vamhuser besonders stolz – auch wenn (oder gerade weil) er nach Amerika auswanderte. Er gründete nämlich in der neuen Welt das heute wohl bekanntesten Busunternehmen des Westens: Greyhound.

**Hier geht's lang: Vamhus – Orsa – Sveg – Vemdalen – Klövsjö – Asarna – Svenstavik – Östersund**
Nördlich von Mora liegt der Orsasjön, an dessen östlicher Seite wir die Straße Nummer 45 wiederfinden – den Inlandsvägen. Machen wir uns also auf den Weg: unser Ziel ist wieder ein See, der Storsjön mit seinem Seeungeheuer. Deswegen ist Östersund übrigens auch Partnergemeinde eines kleinen Örtchens im schottischen Hochland. Wissen Sie, was ich meine? Genau – das Schwesterungeheuer des Storsjöns haust im Loch Ness. Zurück auf die Straße: Bis *Sveg* haben wir 130 Kilometer Natur vor uns. Wälder, Seen, Flüsse, mehrfach kreuzen wir die Inlandsbahn, die bei Kopp, einige Kilometer hinter Emadalen ihren höchsten Punkt erreicht. Bis Sveg machen wir keine Rast, um etwas Strecke zu gewinnen, denn bis zu unserem nördlichen Wendepunkt ist es noch weit. Trotzdem möchte ich nicht versäumen, auf den *Hamra-Nationalpark* hinzuweisen, der sich westlich vom Fagelsjön erstreckt. (Siehe auch: Nationalparke in Schweden). Er ist mit einer Fläche von 28 ha der kleinste der schwedischen Nationalparks, eine kleine, felsenübersähte Urwaldinsel. In Sveg lohnt ein Blick auf die Kirche mit ihrem Park und – natürlich – das Heimatmuseum „Gammelgarden". Etwa 20 Häuser aus Mittelschweden sind hier zu einem Museumsdorf zusammengefasst und wie üblich gibt es ein gemütliches Museumscafé, wo wir uns mit Milchkaffee und Waffeln mit Konfitüre stärken. Unermüdliche Kilometerfresser können von Sveg einen Abstecher (etwa 45 Kilometer) auf der 45 nach *Ytterhogdal* machen – es ist der sogenannte „geographische Mittelpunkt" Schwedens. Außerdem gibt es in Ytterhogdal einige interessante Ateliers von Kunsthandwerkern. Auch über die Nr. 45 kommen Sie nach Östersund – es ist allerdings recht langweilig. In Sveg besteht auch die Möglichkeit, via Straße Nr. 84 nach Norwegen weiterzufahren. Wir sind von Sveg ein kleines Stück auf der 84 gefahren und etwa 20 Kilometer später auf eine verlassene, nur teilweise asphaltierte Nebenstraße abgebogen (Höhe Gammelremsgarden). Die Straße verläuft bis Vemdalen parallel zur 84. Ab *Vemdalen* – das Örtchen hat eine der schönsten Rokokokirchen Schwedens – auf der 315/316 über Klövsjö nach *Asarna*. Dort gibt es eine sehr schöne Freilichtbühne, auf der im Juli das historische Schauspiel „Silversmycket" aufgeführt wird. Zwischen Vemdalen und Klövsjö machen wir auch das erste Mal Bekanntschaft mit der Fjälllandschaft (Klövsjöfjällen). Letzter Kilometerklimmzug von Asarna nach *Östersund*, der Stadt, die sich für die olympischen Winterspiele 2002 beworben hat. Wir bleiben erst einmal einige Tage hier, um uns von der langen Fahrt zu erholen. Der große Östersunder Campingplatz *Fritidsby* (gut ausgeschildert) ist gar nicht so unsympathisch, außerdem liegt er sehr schön zentral für Unternehmungen in der Stadt, nach langer Wildniseinsamkeit und vor der Lapplandeinsamkeit baden wir noch einmal im Trubel der Fußgängerzone und in der rennbegeisterten Menschenmenge auf der Trabrennbahn.

**Streckenlänge: ca. 350 km**

*Bären, Wölfe und Luchse – Touristen-Blick aus respektvoller Entfernung*

**Auskunft**

Siljan Tourism Mora
Angbatskajen
S-79230 Mora
Telefon: 0250-26550
Telefax: 0250-15251

**Übernachten**
Vamabadets Camping
Vamabadsvägen
79201 Mora
Telefon: 0250-45346
(im Sommer geöffnet)

**Was lohnt sich besonders**
* Einkaufsbummel in Mora
* Besuch der Werkstatt Olsson in Nusnäs
* Dampferfahrt auf dem Siljan-See mit der M/S Gustaf Wasa
* Zornsgammelgard
* Das Kirchbootsrudern (alte Tradition auf dem Siljan-See)
* Orsa-Grönklitt
* Wanderung in der Orsa-Finnmark
* Kupferbergwerke in Falun

„... und jetzt die letzten Längen ... du packst das Nummer 9 ... du packst das ... jetzt leg noch mal zu ... Nummer 9, ich habe 10 Kronen auf dich gesetzt ... Nummer 9 verdammt noch mal, du bist meine erste Pferdewette ... du lahmer Gaul ... Nummer 9 ... verloren ...“. Ich steck’ es gelassen weg und tue das gleiche wie alle anderen,

# Von Menschen, Monstern und Museen

die außer ein wenig Erfahrung nichts gewonnen haben, ich lasse meinen Wettschein fallen. Zuerst muss sich der Puls beruhigen, ich hätte gar nicht gedacht, dass ich diesem Pferd so hinterherfiebern könnte, aber eigentlich war’s ja klar, viel zu langer Schritt für einen guten Traber, der Rhythmus stimmt nicht. Die Trabrennbahn ist voller Experten und plötzlich bin ich einer von ihnen. Der Jockey hat nicht das Letzte rausgeholt, wollte wohl für den letzten Lauf ein wenig Reserve lassen, schlauer Kerl und eigentlich, Nummer 9 ist ein begnadeter Traber, langer ruhiger Schritt, das sieht man doch sofort. Ich werde noch mal 10 Kronen opfern, vielleicht 20, aber wie mach ich’s jetzt, setz ich auf Sieg oder auf Platz ... es ist zum Verzweifeln ... was mach ich nur mit Nummer 9, der letzte Lauf wird aufgerufen ... was soll’s, 20 auf Sieg“. Mein Hintermann am Wettschalter sieht mich tadelnd an, Nummer 9 läuft auf Platz, nicht auf

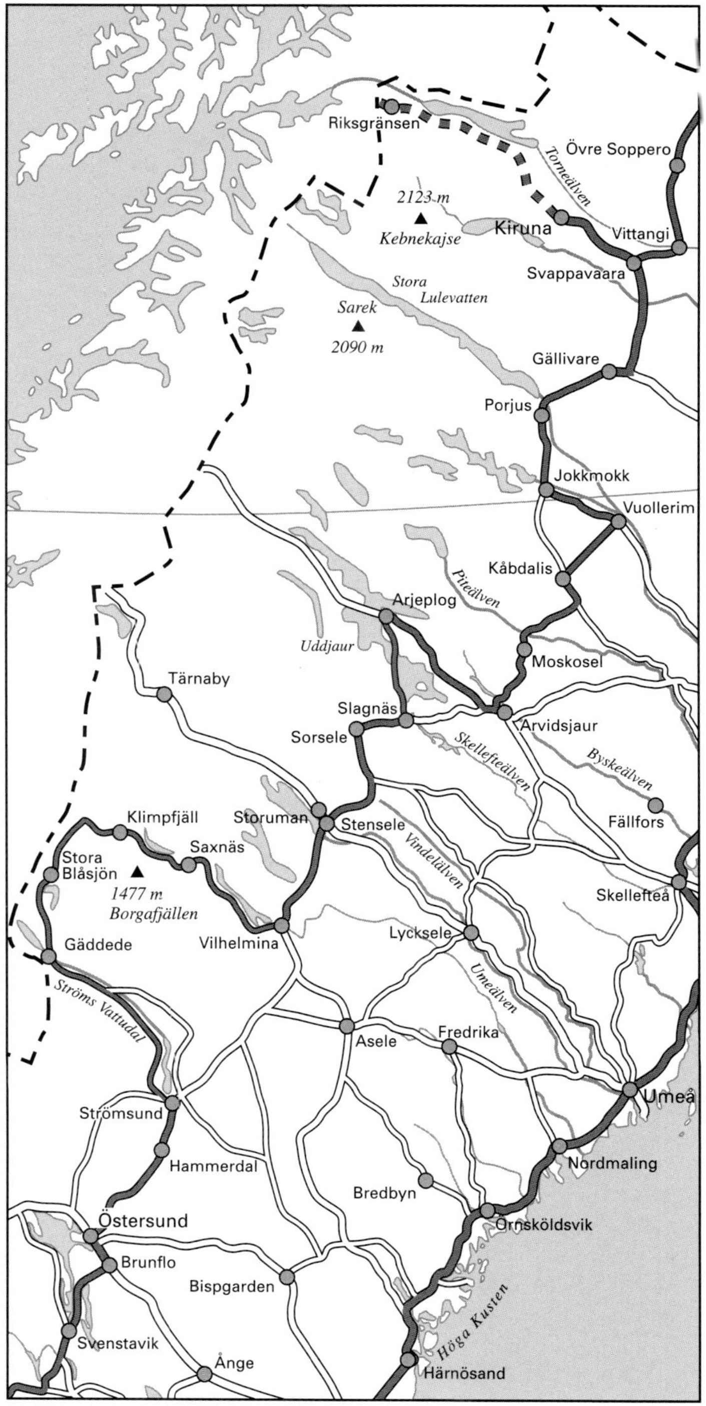

Sieg, gibt er mir zu verstehen. Also gut, 30 Kronen zur Unterstützung der notleidenden schwedischen Pferdelotterie gespendet, der Abend auf der Trabrennbahn war's wert - versäumen Sie das auf keinen Fall, wenn Sie zwischen Östersunder Stadtbummel, der Suche nach Runensteinen auf Frösö und dem Jamtli Historienland noch ein wenig Zeit haben.

**Lebendige Geschichte - das Jamtli-Freilichtmuseum**

Östersund - das ist fast Großstadtflair nach einsamen Autokilometern. Das ist vor allem ein letztes Mal dieses Flair vor noch längeren und noch einsameren Lapplandkilometern. In der Fußgängerzone und in der Strandgatan - da findet sich übrigens auch die Anlegestelle des alten Steamships und Rundfahrtdampfers S/S Thomée - in den Straßen also pulst das Leben und in allen Läden und Auslagen begegnet uns das sympathische Monster aus dem großen See, wie der Storsjön übersetzt eigentlich heißt. Bis zu 30 Meter soll es lang sein, manche meinen es sei drachenähnlich, andere halten es eher für eine Seeschlange, wie dem auch sei, die Modelle in allen Größen zeigen ein putziges Ringelmonster, das sowieso schon ganz viele oder eben keiner in Wirklichkeit gesehen haben. Im Östersunder Museum können Sie all die Utensilien bestaunen, mit denen man dem Ungeheuer schon zu Leibe rücken wollte - vergebens, doch so bleibt ein schöner Traum, der ja vielleicht doch wahr ist, wer weiß das schon.

Auch Östersund bietet den Besuchern aus nah und fern eine Ermäßigungskarte - Storsjökortet heißt sie hier, natürlich findet sich das putzige Kringelmonster auf dem Karton und der Preis liegt irgendwo bei 130–140 Kronen, für Kinder die Hälfte. Dafür gibt's eine Menge freie Eintritte - vom großen Hallenbad „Storsjöbadet" bis hin zur geführten Stadtwanderung, freie Stadtbusfahrten, Ermäßigung für die Dampferfahrt und natürlich auch die Eintrittskarte fürs Östersunder Historienland Jamtli.

Ein anderer Traum, diesmal ein ganz realer, ist dieses Jamtli. Eigentlich wieder nur ein Freilichtmuseum, eines der größten und ältesten Schwedens. Ge-

*Die Sonntagswette …*

*Immer auf Trab – Pferderennen in Östersund*

gründet im Jahr 1912 haben die Museumsmacher inzwischen bald 70 Gebäude zusammengesammelt und auf einer Fläche von nahezu 3 km$^2$ aufgebaut. Vorbei geht's an putzigen Tante-Emma-Läden (oder eben Lanthandel, wie's in Schweden heißt), über Dorf und Landstraße, an großen und kleinen Höfen, Herrenhäusern und Arbeiterkaten quer durch die gelebte Geschichte Mittelschwedens. Ja, wirklich gelebt, denn überall wird Wäsche gewaschen oder Brot gebacken, sind die Knechte am Heu wenden und der Großbauer mit der Kutsche unterwegs, um seine Arbeiter zu überwachen. Alles wuselt und schafft, derweil die Gnädige zu einem Plausch aus dem Haus kommt und uns dann unerwartet, aber herzlich und bestimmt, zu einem Kaffee und einer heißen Waffel ins Wohnzimmer komplimentiert. Durch diese Art, Geschichte lebendig werden zu lassen, wird jeder angesteckt, es auch einmal zu versuchen – so gibt es also im Sommer Kurse wie in einer Volkshochschule, Färben mit Pflanzenfarben, Sensen von Bergwiesen, schnitzen, sticken oder Brotbacken. Das Jamtli hat uns eine ganz andere Art Museum vermittelt, sympathisch, lebendig und ganz und gar nicht eingestaubt.

Bevor wir Östersund verlassen und uns auf eine lange Etappe Richtung Lappland begeben, sollten wir noch auf der Insel Frösö vorbeischauen. Ihren Namen hat die alte heidnische Opferstätte von dem Fruchtbarkeitsgott „Frö" oder „Frey". Frö herrschte über Regen und Sonnenschein, Pflanzenwuchs und Glück bei der Viehzucht – sein Symboltier war der Eber „Gyllenborste", ein Wildschwein mit furchtbaren Hauern und goldenen Borsten.

Bekannt ist vor allem die Frösö-Kirche, die mitten in einen heidnischen Opferhain gebaut wurde. Bei Ausgrabungen fand man unter dem Altar nicht nur einen Baumstumpf, sondern auch Reste der wichtigsten Tiere des Asenglaubens – Hirsch, Bär, Ziege, Eichhörnchen und Schwein. Damit war erstmalig der Beweis geführt, dass in frühesten Zeiten der Christianisierung des Nordens ein enger Zusammenhang bestand zwischen den heidnischen Opferhainen und christlichen

Tempeln. Der Baum im Opferhain übrigens symbolisierte den Weltbaum, die Esche „Yggdrasil". Bei der alten Frösö Bru findet man den nördlichsten Runenstein Schwedens. Von der Insel und dem Kirchhügel lassen wir noch einmal den Blick schweifen. Jämtland ist die Provinz der unendlichen Wälder, der Gebirgszüge und Fjälls – etwa so groß wie Dänemark, wohnen hier doch nur etwa 150.000 Einwohner. Ziemlich schwierig also, mehrere an einem Flecken anzutreffen. Deswegen lernen wir auch noch eine andere schwedische Besonderheit kennen: Briefträger und Postzustellung. Doch davon später, in Lappland. Zum Abschied von Östersund einen letzten Tip: In der Prästgatan Nummer 30 gibt es einen Laden mit Jämtländischer Volkskunst. Geschnitze Elche mögen vielleicht nicht jedermanns Sache sein, aber die Textilien dort sind wirklich einsame Spitze und ... es gibt kleine Ringelmonster zum Knuddeln, das ist was zum Mitbringen.

**Der Weg übers Fjäll**

Dass Schweden ein Land der großen Distanzen ist, wenn man es von Süd nach Nord durchfahren will, das haben Sie sicher schon gemerkt. Die nun folgende Etappe ist fast 700 Kilometer lang – sowohl in Gäddede als auch in Vilhelmina sind schöne Campingplätze, um eine (längere oder kürzere) Rast einzulegen. Außerdem möchte ich Ihnen in diesem Kapitel eine ganze Menge Tips geben, was Sie rechts und links der Route noch anschauen können. Auf dieser Etappe werden wir im übrigen einen weiteren „berühmten" Weg, den *Vildmarksvägen*, kennenlernen.

**Hier geht's lang: Östersund - Hammerdal - Strömsund - Gäddede - Klimpfjäll - Saxnäs - Vilhelmina - Slagnäs - Vaxholm - Arjeplog**

**Von Menschen, Monstern und Museen**

Also rein in den Camper und los geht's: Zurück auf die 45 – von Östersund aus nehmen wir die Richtung Hammerdal-Strömsund. Ein wenig Einsamkeit gefällig? Nun, davon bietet die vor uns liegende Strecke jede Menge. Kurz vor Strömsund biegen wir links von der 45 ab. Zunächst bleiben wir für etwa vier Kilometer auf der 339, um dann kurz vor Bredkälen nach rechts auf eine Schotterstraße zu fahren, der wir die nächsten 60 Kilometer folgen werden. Die Herausforderung für den Fahrer besteht auf diesem Wegstück darin, sich nicht irritieren zu lassen und stur geradeaus auf der teilweise feldwegähnlichen Nebenstraße zu bleiben. Zur Orientierung: Nach etwa 28 Kilometern müssen Sie rechts der Straße einen langgestreckten See entdecken – Teil der vom Faxälv durchflossenen Seenkette *Ströms Vatudal* –, die nächsten 20 Kilometer bleiben Sie an seinem Ufer. Und wenn Sie kurze Zeit später auf ein Schildchen mit der Aufschrift „Björnstuga" stoßen, machen Sie eine kleine Rast. Die *Björnstuga* ist ein sympathischer kleiner Kunsthandwerksladen, der mitten in der Wildnis liegt.

Auf dieser doch recht abgeschiedenen Strecke haben wir eine Besonderheit nordschwedischer Straßenbefestigung kennengelernt. Als wir Rast an einem kleinen See machten, kam laut hupend ein Tank-Lkw vorbei, der etwas auf die unbefestigte Schotterpiste sprühte. Die Sprühdüsen waren an der Rückseite des Wagens angebracht – heute weiß ich, warum. Aha, dachten wir, der sprüht Wasser, um den Staub zu binden

*Besuch im Jamtli – Geschichte zum Anfassen und Miterleben*

... weit gefehlt. Der Tanker versprühte eine Holzteerflüssigkeit, die nicht nur den Staub bindet, sondern auch den Straßenkies verklebt und ... erbärmlich stinkt. Der Geruch hat uns dann einige Tage begleitet, denn nach einigen Kilometern auf der frisch präparierten Piste sah unser (ursprünglich weißer) Bus aus, wie in Teerlösung gebadet. Falls ihnen das gleiche widerfährt – das Zeug lässt sich mit reinem Wasser gut wieder abwaschen und soll noch dazu biologisch absolut unbedenklich sein – nun ja.
Nach etwa 60 Kilometern Tortur für das Wohnmobil in faszinierender Landschaft kommen wir plötzlich wieder auf eine „normale" Straße, die 342, den eigentlichen Vildmarksvägen. Wir folgen der Wegweisung nach *Gäddede*, das wir etwa 40 einsame Kilometer weiter erreichen. Das Gebiet zwischen Strömsund und Gäddede beheimatet die meisten Bären Schwedens. Zeit für eine Pause – Gäddede ist ein „Gebirgsstädtchen", das Zentrum der sogenannten *Frostviken-Region* und hat daher einiges an Infrastruktur zu bieten, sprich neben dem obligatorischen Heimatmuseum gibt's auch noch Möglichkeiten zum Einkaufen, Bank, Post, Apotheke und Krankenhaus. Wer sich mit der Region, der Kulturgeschichte, ihrer Natur und teilweise einzigartigen Flora etwas vertraut machen möchte, der sollte einen Blick in das „naturum" werfen (in der Ortsmitte, direkt gegenüber der Tankstelle) – es ist eine gut ausgestattete Ausstellung mit reichhaltigen Informationen über alle Aspekte des nicht immer ganz leichten Lebens hier in der Gebirgs- und Fjällregion. Manch einer mag Lust bekommen, noch einige Tage hier zu bleiben – in und um Gäddede gibt es drei Campingplätze und eine Jugendherberge, Platz genug also. Dann sollten Sie nicht versäumen, das Dorf *Häggnaset* und von dort aus den über 50 Meter hohen *Hällingsafallet*, Nordeuropas größten Canyon, anzuschauen. Von Gäddede ist das ein Ausflug von etwa 30 Kilometer Länge. Die Straßenkarte zeigt auch einen kleinen Straßenzug am Ostufer des Fägelsjön, über den Sie nach Gäddede kommen. Er beginnt etwa einen Kilometer vor dem Ende der „Schotteretappe" – lassen Sie es bleiben, mit dem Wohnmobil kommen Sie da nicht durch, das ist allenfalls etwas für Allradfahrzeuge.
Auch Ausflüge ins norwegische Fjäll und Hochgebirge sind von Gäddede leicht zu unternehmen, der Ort liegt nur etwa 5 Kilometer von der norwegischen Grenze entfernt und auf der norwegischen 74 können Sie die Fahrt auf der anderen Seite der Grenze fortsetzen. Wir bleiben in Schweden und machen uns auf den Weg ... nach Norden.

Etwa 80 Kilometer sind es bis zum Hochplateau des Stikkenjokk. Vorher passieren wir das samische Kirchdorf *Ankarede* am Blasjön. Noch heute ist das Dorf ein sommerlicher Sammelplatz der Samen aus Norwegen und Schweden, hier werden Hochzeiten abgehalten und Märkte, werden die Mittsommer- und Herbstmessen gefeiert. Während dieser Zeit wohnen die Sami-Familien in den Holzkoten rund um die Kapelle. Im Pfarrhaus gibt es – das ist bisweilen ein entscheidendes Kriterium für eine Rast – eine kleine Cafeteria mit delikaten Marmeladewaffeln. Einige Kilometer weiter lädt eine Tropfsteinhöhle, die *Korallengrotte* bei Ankarvattnet zum Besuch ein. Sie wurde erst im Sommer 1985 entdeckt und ist mit fast fünf Kilometern Länge die längste Grotte Schwedens. Noch einige Kilometer weiter kommen wir zum *Bjurälven*, dem unsichtbaren Fluss, der eine Weile unterirdisch in einem Schieferberg fließt. Für beide Sehenswürdigkeiten brauchen Sie einen Führer sowie eine ganze Menge Zeit, denn die Höhlensafaris (Anmeldung unter Telefon 0672-10500) dauern recht lange und die Touren zum Bjurälven werden nur zweimal pro Woche unternommen (Ausgangspunkt ist der Bauernhof Leipikvattnet, einige Kilometer weiter gibt es auch einen kleinen Campingplatz).

Je mehr wir uns dem Stikkenjokk nähern, desto rauher wird die Gegend. Oben auf der Hochfläche empfängt uns nicht nur eiskalter Wind, am Straßenrand liegen auch noch Flecken ungetauten Schnees. Obwohl wir uns nur knapp 800 Meter hoch über dem Meeresspiegel befinden, haben wir die Baumgrenze schon hinter uns gelassen. Das Fjäll ist ein beliebtes Wandergebiet, für viele Bergbesteigungen muss man „nur" noch 200 oder 300 Meter aufsteigen. Trotzdem ist Vorsicht geboten – leicht werden die Entfernungen unterschätzt, zumal Sie oft riesige Moorgebiete umwandern müssen. Wer mit den Fjällkarten unterwegs ist, sollte auch die Handhabung eines Kompasses beherrschen und auf jeden Fall immer hochgebirgstaugliche Ausrüstung dabei haben.

Nur eine kurze Wegstrecke später bietet sich schon wieder ein Abstecher an: Nördlich des Kultsjön liegt die Samensiedlung *Fatmomakke* im Kultsjötal. Ähnlich wie der Siedlungsplatz Ankarede ist Fatmomakke ein Kirchplatz für Hochzeiten und Feste. Von Juni bis Ende August ist die Kirche täglich geöffnet, danach fällt schon der erste Schnee und Besucher verirren sich nur noch selten aufs Fjäll. In Fatmomakke informiert auch eine Ausstellung im Kulturum über den Kirchplatz im Wandel der Zeiten. Wichtigstes Datum: Mittsommerfest vom 24.–26. Juni.

In *Saxnäs* sollten Sie einen Blick auf die Kunstausstellungen von Emma und Folke Ricklund werfen. Die beiden haben dort Ateliers eingerichtet und bieten Künstlern und Kulturschaffenden die Möglichkeit, hier zu wohnen und zu arbeiten – bezahlt wird das mit einem Kunstwerk, so ist die Sammlung entstanden. Ricklundsgarden ist von Juni bis Ende August geöffnet.

Wer Lust auf eine Bergtour hat, dem sei das Massiv des Marsfjället ans Herz gelegt. Mit fast 1600 Meter Höhe ist das der höchste Berg in der Gemeinde Vilhelmina, der Blick ist unvergleichlich.

Ein fotografischer Leckerbissen wartet am Ende des Kultsjön auf uns. *Trappstegsforsarna* – es ist einer der außergewöhnlichsten Wasserfälle, die ich je gesehen habe – eine große Treppe eigentlich, auf der das Wasser des Sees in verschiedensten Stufen und bizarren Sprüngen und Strudeln herabströmt. Wenige Kilometer später, bei Stalon (hier ist ein wichtiger Fjällflugplatz) trifft der Vildmarksvägen auf den *Sagavägen*, dem wir von nun an bis Vilhelmina folgen werden. Die Märchenstraße Sagavägen ist eine Verbindung von der Norwegischen Nordseeküste über die Bergkette bis hin zur schwedischen Ostseeküste „Höga Kusten" (da kommen wir später auch noch hin). Auf jeden Fall machen wir in *Vilhel-*

*mina* erst mal eine ausgiebige Pause – wir haben uns einige Tage bei Lotta und Leif Ahlmark auf dem Campingplatz „Forsnäs“ pudelwohl gefühlt. Die beiden sind nett, herzlich und hilfsbereit und der ganze Platz strahlt Ruhe und Gemütlichkeit aus. Wer ausgiebig saunen will – auch das gibt's auf dem Campingplatz. Vilhelmina ist der Zentralort Südlapplands, auch wenn es nicht so scheinen mag. Sehenswert sind auf jeden Fall die hübsch restaurierten Häuschen des alten Kirchhofs (die sogenannten Kirchenhäuser) und einige Handwerks- und Kunsthandwerksläden. Außerdem besitzt Vilhelmina eine der größten Sammlungen samischer Literatur.

Unsere Mammutetappe ist hier jedoch noch nicht zu Ende. Von Vilhelmina fahren wir auf dem Inlandsvägen (45) weiter über Storuman bis Sorsele. Es geht meilenweit durch Schwarzbirkenwälder, Hochmoore, riesige Torfabbaugebiete, die wie aufgerissene Wunden die Landschaft zur Wüstenei werden lassen – das einzige Zeichen, dass

*Auch das sind schwedische Farben – Faluröd und Weiß*

*Eine etwas andere Farm – Lachszucht auf dem Fjäll*

*Vom Angelhaken bis zur Zwiebelwurst – der legendäre Lanthandel hat alles*

hier auch Menschen wohnen, sind ab und zu einige Briefkästen am Straßenrand. Auf den rund 200 Kilometern spielt sich außer Natur so gut wie nichts ab. Lediglich einige auf der Straße zockelnde Rentiere lockern die Lappland-Eintönigkeit bisweilen etwas auf. Beginnen Sie rechtzeitig vor Slagnäs auf die Bremse zu treten, sonst sind Sie aus dem Ort schon wieder raus – hier biegen wir nämlich nach links auf eine Nebenstraße ab (diesmal allerdings asphaltiert) und fahren am Ufer des *Storavan* und des *Uddjaure* weiter 60 Kilometer durch Lapplands Weiten. Die Gemeinde *Arjeplog* ist – jedem sein Rekord – die am dünnsten besiedelte Region Schwedens. Arjeplog selber präsentiert sich als ein wunderschönes kleines Städtchen mit Lappensiedlung und ... einem großen Geheimnis. Wir haben uns auf dem Campingplatz Kraja eingemietet und uns auf die Spuren des geheimnisvollen Treibens geheftet. Willkommen in Arjeplog, dem Wintertestzentrum der europäischen Automobilindustrie.
**Streckenlänge: ca. 700 km**

*Kirchplatz und Lappensiedlung – Orte der Ruhe und Begegnung*

**Auskunft**

Östersunds Turistbyra
Radhusgatan 44
S-83182 Östersund
Telefon: 063-144001
Telefax: 063-127055

**Übernachten**
Östersunds Camping
Vid Odensala
S-83146 Östersund
Telefon: 063-144615
(Fritidsby – ganzjährig geöffnet)

**Was lohnt sich besonders**
* Stadtbummel, vor allem durch die Fußgängerzone
* Historienland Jamtli
* Dampferfahrt S/S Thomée
* Frösö Kyrka
* Zoo und Tropenhaus
* Östersund Travet

**Lappensilber und Autotests – Arjeplogs Geheimnisse**

„Was machst du im Sommer hier?“ Lars Olström kann es einfach nicht fassen, ein Motorjournalist in Arjeplog – im Sommer, was will der nur? Der freundliche Tankwart schaut über den Tresen der Statoil Tankstelle und setzt sein breitestes Grinsen auf: „Du musst im Winter kommen, wenn sie dich lassen, im Sommer ist bei uns überhaupt nichts los.“ – Stimmt!

Wir sind in Arjeplog, und das ist eine Kirche, zwei Banken, eine verschlafene Hauptstraße mit einigen Läden, ein samisches Kirchdorf „Skeppsholmen“, ein berühmtes Silbermuseum, gegenüber die Autowerkstatt „Bilverkstad“ und dahinter, blaugetüncht, die Bar – ein paar Häuser noch und drei Tankstellen, das war’s dann. Rundherum Wasser, mehr als 2000 große und kleine Seen, vor allem die spiegelnde Fläche des Hornavan, mit 226 Metern Schwedens tiefster See, und Wald, der für Lappland so typische Wald mit Birken und verkrüppelten Kiefern. Arjeplog, das ist der Hauptort einer Gemeinde, deren Fläche fast so groß ist wie Schleswig-Holstein – rund 3800 Menschen leben hier, auf einen Einwohner kommen mehr als 3 $km^2$ Fläche, das ist lappländische Weite und Einsamkeit pur. Im Sommer fährt hier alles durch, einige Besucher hetzen durch das (sehr lohnende) Silbermuseum, das eine der bedeutendsten Sammlungen samischer Silberschmiedekunst der Welt beheimatet, dann geht es weiter nach Norden, immer der E 45 folgend – wer kennt schon Arjeplog und seine Geheimnisse. Die Silbersammlung des Lappendoktors Einar Wallquist ist übrigens auf ganz einfache Weise zustande gekommen. Der Landarzt hat sich seine ärztlichen Bemühungen in Naturalien, d.h. in Kunsthandwerksobjekten, kleinen Schmuckstücken und anderen Preziosen bezahlen lassen. Manchmal brachten seine geheilten Patienten, denen der Gebrauch von Geld fremd war, auch kleine Geschenke aus Dankbarkeit. Einar Wallquist hat alles sorgfältig aufgehoben und in seinem Nachlaß die Einrichtung des Museums verfügt.

Wenn im Spätherbst der erste Frost die Seen erstarren lässt, erwacht Arjeplog zum Leben. Die Polarnacht ist nicht mehr weit, bald wird der Schnee in Massen fallen. Wenn dann die Sonne nur noch für ein oder zwei Stunden über den Horizont kriecht und die Landschaft in einem gespenstisch blauen Licht versinkt, beginnt bei Temperaturen um minus 35 Grad Arjeplogs heißer Winter. Mit gecharterten Flugzeugen kommen sie, mit Firmenhubschraubern und großen Trucks, vollgestopft mit Meßanlagen und Computern, Technikern und Ingenieuren und mit Autos. Dann ist das Hotel Silverhattan ausgebucht, und freitags erscheint die Arjeplog Times – News und Schmus von Land und Leuten – natürlich in englischer Sprache, denn Schweden sind jetzt in der Minderheit. Die Entwicklungsabteilungen der europäischen Automobilhersteller geben sich ein Stelldichein – da rasen die Autotester in Prototypen von Alfa und BMW, Mercedes und Jaguar auf tiefverschneiten Straßen den Weg zum Galtispuoda hinauf. Nicht, um das Panorama vom 800 Meter hohen Gipfel zu genießen, sondern um unter Extrembedingungen neue Entwicklungen zu erproben. Reifen und Motoren, ABS oder ASR – der meterdick zugefrorene

Hornavan wird zum riesigen Testparcours präpariert, Schleuderstrecken ohne gefährliche Hindernisse. Waldwege werden zu Rennstrecken ausgebaut, von riesigen Fräsen vom Schnee befreit. Viele Firmen haben inzwischen in Arjeplog investiert und feste Firmengebäude mit Garagen, Werkstätten und Prüflabors gebaut, Bosch ist darunter und BMW. Im Industriegebiet, Maskinvägen Nr. 8, weist ein Schild an der Tür des flachen faluroten Gebäudes in Deutsch und Englisch darauf hin, dass hier nur Berechtigte Zutritt haben: „Entwicklungsabteilung"!

Wer berechtigt ist, das bestimmen die Gewaltigen der Automobilindustrie – mit der Berufsbezeichnung Journalist bekommt allerdings im Winter kaum jemand ein Zimmer in Arjeplog; schließlich ist die polare Einsamkeit deswegen so willkommen, weil Industriespione nicht gerne frieren. Die Leute in Arjeplog sind loyal, bringen doch die devisenstarken Wintergäste inzwischen mehr Geld in die Kassen als heimische Wirtschaft und Sommertourismus zusammen. Wess' Brot ich ess, dess' Lied ich sing – also keine Zimmer für Neugierige. Im sommerlich verwaisten BMW-Bau hängt noch ein Steckbrief vom letzten Winter – sechs Bildjournalisten und Pressefotografen sind da „zur Fahndung ausgeschrieben": Foto, Name, Alter, bevorzugtes Auftreten, Arbeitsweise – zu guter Letzt der Hinweis „Wenn o.g. Person auftaucht oder gesehen wird, sofort Sicherheitsdienst informieren". Wilder Westen im hohen Norden – wo sonst die Wölfe heulen, kräht kein Hahn nach solchen Dingen.

„Ja sicher", erinnert sich Lars und grinst noch eimal breit, „im letzten Winter waren da ein paar Journalisten und das hat ihnen gar nicht gefallen, die haben ziemlich viel Versteckspielen gemacht." Ob er sich denken kann, warum die „Biltester", wie sie hier heißen, denn nun alle gerade nach Arjeplog kommen, will ich zum Schluss noch von Lars Olström wissen. „Weißt du", verrät er mir, „bei uns hier in Lappland sind Geheimnisse in guten Händen."

Doch Arjeplog hat neben seiner winterlichen High-Tech-Geschichte auch sommerlichen Reiz. Die Fahrt zum Galtispuoda zum Beispiel mit einem grandiosen Blick auf die Weite des noch vor uns liegenden Lapplandes oder der Besuch in Skeppsholmen, dem auf einer kleinen Halbinsel gelegenen Sami-Dorf, oder das Silbermuseum des Lappendoktors – wer nach Arjeplog kommt, sollte sich das nicht entgehen lassen.

### Mitternachtssonne – Zauber des Nordens

Es gibt Dinge, die sind Segen und Fluch zugleich – das Licht gehört dazu, besonders in Nordschweden. Je weiter wir im Sommer nach Norden kommen, desto länger werden die Tage, und irgendwann überschreiten wir den Punkt auf der nördlichen Halbkugel, hinter dem es die Sonne nicht mehr schafft, abends hinter dem Horizont zu versinken. Du willst doch nicht die Nacht zum Tage machen, heißt es oft, wenn jemand partout nicht ins Bett gehen will – und jetzt? Ich möchte ja, aber ich kann nicht. Es macht doch keinen Spass, an Schlaf zu denken, Schäfchen zu zählen und sich in die Wohnmobilkoje zu verkriechen, wenn

draußen schönster Sonnenschein zum Rumsitzen, Baden, Lesen oder Plaudern verführt, dabei ist es schon wieder nach Mitternacht...
Auch der Hund ist sichtlich irritiert von der ungewohnten Dauerhelle und sucht dunkle Plätze zum Verkriechen, andererseits: Das Licht macht süchtig, wer wie wir lange Zeit quasi draußen lebt und nur selten „künstliches" Licht braucht, merkt bald, wie wohltuend dieses zauberhafte Tages- und Nachtlicht ist.
Kehrseite der Medaille – wenn die Tage wieder kürzer werden und die Sonne auch im Norden Lapplands wieder hinter dem Horizont versinkt, dann wissen die Menschen, bald werden wir eine ganze Zeit kein Tageslicht mehr haben, bald wird die Bahn der Sonne ihren Lauf hinter dem Horizont nehmen und nicht mehr aufgehen. Diese Zeit der Dunkelheit ist für die Menschen nicht selten verhängnisvoll. Regelmäßig steigt in Nordschweden in dieser Zeit die Zahl der Depressionskranken, der Suizide und Alkohlsüchtigen. Licht ist Leben – doch auch der Begriff Dunkelheit ist etwas Relatives, und wir Mitteleuropäer verbinden damit etwas anderes als die Schweden. Als wir in der Ajtik Kupfermine waren (da kommen wir später noch vorbei) und unsere Sami-Freundin die winterliche Arbeit bei minus 35 Grad beschrieb, da wunderte ich mich „Wie können die Menschen denn bei der Dunkelheit arbeiten?" – Das Wort Dunkelheit amüsierte sie sichtlich „Es ist doch nicht dunkel", war ihre Antwort, „weißt du nicht, wie hell Schnee und Mond sein können?" Es ist also nicht hell oder dunkel, Sonne oder Mond, Tag oder Nacht – es ist der Zauber des jeweiligen Lichts, der fasziniert und gefangen hält, so wie auch der Maler Caj es auf die Leinwand zu bannen sucht. Lappland ist Weite und Licht.

*Die Sammlung des Herrn Doktor – Silbermuseum in Arjeplog*

*Warten auf den Winter – Schneefräsen präparieren die Teststrecken*

**Hier geht's lang: Arjeplog – Arvidsjaur – Kabdalis – Vuollerim – Jokkmokk – Porjus – Gällivare – Malmberget**

Auch wenn es schwerfällt, sich von der wunderbaren Umgebung zu trennen – wir machen uns wieder auf den Weg, lassen den Galtispuoda hinter uns und fahren auf der 95, dem „Silvervägen" Richtung *Arvidsjaur.* Am Silberweg

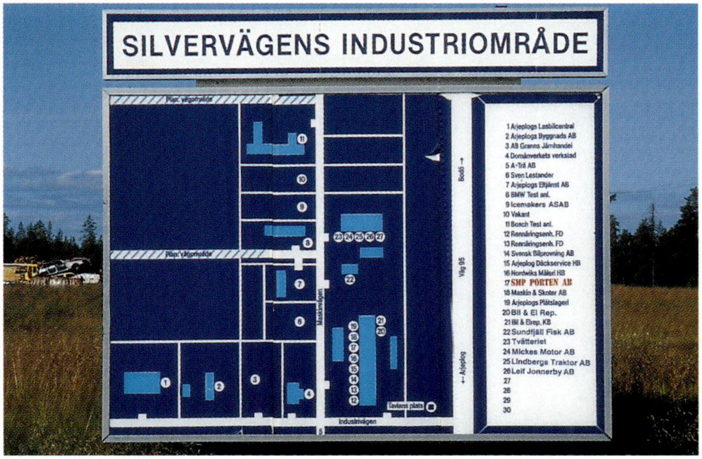

*Bekannte Namen im hohen Norden – BMW, Bosch und andere*

*Wasser ist Energie – Staustufe am Luleälv*

liegen übrigens eine Reihe Bergwerke und kleiner Museen, deren Besuch sich lohnt. Teilweise wird in den Gruben noch gearbeitet, fragen Sie in den Touristenbüros nach, eine Visite kann fast immer organisiert werden.
Wir könnten hier auch unsere Rundreise durch Schweden abkürzen und über Glommerträsk, Jörn und Boliden auf der 95 bis Skelleftea an der Küste des Bottnischen Meerbusens durchfahren. Sollten Sie diese Routenvariante wählen, empfehle ich Ihnen noch einen unvergesslichen Abstecher. Fahren Sie von Glommerträsk auf der 365 etwa 50 Kilometer nach Süden (...für Lapplandverhältnisse sind 50 Kilometer ja ein Klacks), bis Sie nach Norsjö kommen. Dort fährt die längste Seilbahn der Welt etwa 13 Kilometer über die nordschwedische Wildnis. Bergwerkhaus, Seilbahnmuseum, ein gemütliches Café und unvergessliche Eindrücke machen den Umweg lohnenswert.
Arvidsjaur ist eine kleine Garnisonsstadt und wer auf der Karte im Süden der Stadt ein „Skjutfält" entdeckt, dem

*Service fürs Wohnmobil – Halt an der Bilverkstad*

*Flugplatz auf dem Wasser – Versorgungsflugzeuge für die Hütten auf dem Fjäll*

sei verraten, dass ihm hier bei Wanderungen abseits der Wege schon mal das eine oder andere militärische Gerät auf den Kopf fallen kann ... hier werden Schießübungen gemacht. Wer mag, schaut sich in Arvidsjaur noch das Kirchdorf „Lappstaden" an, es ist der älteste samische Kirchplatz in Schweden, er wird im 17. Jahrhundert das erste Mal erwähnt.
Wir biegen in Arvidsjaur wieder auf die 45, den Inlandsvägen, und setzen die Reise Richtung Norden fort.
Rechts und links endlose Wald- und Moorflächen, ab und zu ein kleiner Rastplatz – wie fast überall in Schweden vorbildlich mit kleiner Hütte und Toilette ausgestattet und sonst nichts. Kommt hier mal ein Auto entgegen, wird höflich gegrüßt. Natürlich gibt es in diesen Gemeinden auch mal kommunale Arbeiten zu erledigen – Randstreifen mähen zum Beispiel. In der Regel hat der Arbeiter in der Mähmaschine einen Wohnwagen und seinen Pkw irgendwo auf solch einem Rastplatz abgestellt – abends nach Hause fahren ist bei den zu bewältigenden Strecken auch nicht immer ganz einfach. Also wird die Woche in der „Wildnis" durchgearbeitet – Licht gibt's ja lange genug – und am Donnerstagabend geht's nach Hause.
Kurz nach *Kabdalis* biegen wir rechts ab und machen einen Abstecher in Richtung *Vuollerim* und *Porsi*. Dafür gibt es drei Gründe: Das Porsi-Kraftwerk ist eines der „beeindruckendsten" Kraftwerke am Luleälv, weil in seiner Umgebung die unglaubliche Vergewaltigung der Natur eben auch durch eine so ökologische Energiequelle wie die Wasserkraft deutlich wird. 15 Flusskraftwerke haben den Luleälv und seine Umgebung zu einem ökologischen Notstandsgebiet gemacht, dessen Not man nicht auf den ersten Blick sieht. Der zweite Grund

*Kochgrube und Heizung – steinzeitliche Hütte in Vuollerim*

sind die Ausgrabungen von Vuollerim. Im Jahr 1983 haben Forscher der Universität Umea dort eine Steinzeitsiedlung mit bestens erhaltenen Überresten von Kochgruben, Fangplätzen, Wohnstätten und Werkzeugen entdeckt. Es ist die am besten erhaltene vorgeschichtliche Siedlungsstätte Nordeuropas und weil es interessant war herauszufinden, wie die Menschen gelebt haben, wurden Teile der Siedlung originalgetreu wiederaufgebaut. Auf diese Weise haben die Archäologen auch entdeckt, dass die Menschen in ihren Fellhäusern ein ausgeklügeltes Heizungs- und Rauchabzugssystem installiert hatten. Im 1990 auf dem Ausgrabungsgelände eröffneten Museum (das unter anderem von dem Kraftwerksgiganten Vattenfall mitfinanziert wurde), lässt sich das alles anschauen, anfassen und miterleben. Den ganzen Sommer gibt es Workshops und Seminare mit Aktivitäten rund um das Leben in der Steinzeit. (Das Museum macht auf Vorbestellung übrigens auch spezielle Arrangements für Schulklassen oder größere Gruppen). Und ein nicht minder wichtiger Grund, in Vuollerim Station zu machen, ist sein kleiner Campingplatz mit einer richtigen Pizzeria – wären wir nicht in Lappland, auf Anglamarks Campingplatz könnten wir uns auch nach Italien versetzt fühlen.

Von Vuollerim sind es etwa 45 Kilometer bis *Jokkmokk*, wo wir auf jeden Fall zwei oder drei Tage bleiben, um das Ajtte-Museum Samischer Kultur zu studieren und einen Besuch beim Maler CAJ zu machen. Der Name Jokkmokk ist samisch und bedeutet „Biegung des Flusses". Die Gemeinde Jokkmokk ist so groß wie Rheinland-Pfalz – etwa 20.000 km$^2$ – und hat rund 7000 Einwohner. Gedränge gibt's hier nur zu den Markttagen, die übrige Zeit verläuft sich alles in den Weiten Lapplands. Für zwei Nächte waren wir auf dem offiziellen Campingplatz von Jokkmokk – zum Schlafen reicht's, wer länger bleiben will, sollte sich außerhalb des Städtchens etwas in freier Wildbahn suchen oder in Vuollerim bleiben.

Ach ja, wer's übersehen hat, etwa 10 Kilometer vor Jokkmokk haben wir den Polarkreis überfahren. An jeder Straße die gleiche Prozedur – großes Schild, Parkplatz, kleines Café mit Urkundenverkauf, das war's dann auch. Wer Äquatortaufen liebt, kann sich ja auch für die Überschreitung des nördlichen Polarkreises etwas einfallen lassen.

90 Kilometer und zwei unbedingte Sehenswürdigkeiten trennen uns noch von der Bergwerksstadt Gällivare. 30 Kilometer hinter Jokkmokk das Flusskraftwerk Harspranget – mit 940 Megawatt das leistungsstärkste Kraftwerk Schwedens – und 10 Kilometer weiter im Norden das Kraftwerk Porjus. Das alte Kraftwerk Porjus, zwischen 1910 und 1915 unter unglaublichen Anstrengungen gebaut, dient heute nur noch als Museum. Der hier erzeugte Strom wurde für die Versorgung der Erzfelder und der Erzeisenbahn zwischen Lulea und Narvik gebraucht. Die Arbeiter haben damals tonnenweise Baumaterial von Gällivare zu Fuß durch die unerschlossene Einöde gebracht – Energie, so galt damals wie heute, ist Fortschritt und Fortschritt ist Wohlstand und Arbeit. Allerdings merken auch die Schweden, dass es bisweilen ein instabiles Gleichgewicht zwischen Entwicklung und Fortschritt und Wohlstand gibt.

Tip für einen 360-Kilometer-Umweg: Kurz hinter Porjus führt eine Straße am *Lulevatten* entlang nach Westen ins Gebirge. Sie wird auch als die wildeste Sackgasse Schwedens bezeichnet. Fantastisch und wild ist sie wirklich, allerdings auch fahrzeugmordend, wir haben uns – aufgrund der teilweise abgrundtiefen Frostaufbrüche und Verschiebungen – einen handfesten Riss in der Windschutzscheibe zugezogen und außerdem mit manchen Schlaglöchern unser Geschirr neu sortiert. Der Anblick des zu großen und langgezogenen Seenplatten aufgestauten Luleälv ist bezaubernd, die Berg- und Fjällwelt des Stora Sjöfallet Nationalparks auf der rechten Seite der Straße hinreißend – die Ankunft am Stora Sjöfallet holt uns jedoch abrupt auf den Boden der Tatsachen zurück. Nichts von all der wunderbaren Natur des Flusses ist wirklich Natur, normalerweise würde der Luleälv in vielen kleinen Armen als gigantischer Deltafluss mit wechselnden Flusstiefen von den Bergen strömen. Normalerweise wäre der Sjöfallet wirklich Schwedens größter Wasserfall, normalerweise könnten die Sami im Winter den zugefrorenen Fluss mit ihren Herden überqueren und die südlicheren Weidegründe erreichen, normalerweise wäre der Luleälv ein Fluss mitten im Nationalpark, normalerweise ... doch die Realität sieht anders aus. Der Vattenfall-Energiekonzern hat den Fluss erschlossen und aufgestaut – häßliche Kraftwerksbauten sieht man nicht, riesige unterirdische Rohrleitungssysteme greifen das Wasser in der Tiefe der Staustufen ab. Die Folge ist ein teilweise rapides Ansteigen und Absinken des Wasserstandes. Vor allem im Winter kann das lebens-

*Abendstimmung am Polarkreis*

gefährliche Folgen haben, weil unter der ersten Eisdecke von vielleicht 5 oder sogar 10 Zentimetern plötzlich ein Hohlraum von 2 Metern entstehen kann. Das Eis trägt dann nicht mehr, vor allem für Tiere, oft aber auch für Motorschlittenfahrer werden Seeüberquerungen zur tödlichen Falle. Der größte Wasserfall Schwedens ist dank Vattenfall zur Second-Hand-Attraktion verkommen – in den touristisch interessanten Monaten Juli und August lässt der Energiekonzern das Wasser über die Felsen plätschern, später, wenn wieder mehr Energie benötigt wird, sinkt der Wasserspiegel durch die unterirdische Wasserentnahme so stark ab, dass man trockenen Fußes über die blankgeschliffenen Klippen des Wasserfalles spazieren kann. Normalerweise wäre das alles nicht möglich, denn rechts und links des Flusses erstreckt sich ein Nationalpark mit einer in Schweden üblichen strikten Reglementierung – doch oh Wunder, Akkajaure und Lulevatten sind quasi exteritorial, die Nationalparkgrenzen führen außen herum und so konnte Vattenfall alles bauen, was ihnen beliebte. Leidtragende dieser ökologi-

*Vollmond im hohen Norden*

schen Todsünden sind nicht nur die Sami der Region, deren Lebensbedingungen sich dramatisch geändert haben, Leidtragende sind wir alle, auch wenn das auf den ersten Blick noch nicht so deutlich ist. Erosion und Versteppung haben Einfluss auf das Weltklima, nicht aber auf die Planungen der schwedischen Energiekonzerne, die am liebsten – die Pläne liegen schon in der Schublade – auch die Gewässer der unberührten Nationalparks Sarek und Padjelanta erschließen würden. An der *Sjöfalletstugan* drehen wir um und fahren zum Inlandsvägen zurück. Bemerkung am Rande: Auf diesem Abstecher haben wir mitten im August den ersten Nachtfrost gehabt...

Zurück auf der 45: Gut 50 Kilometer weiter fahren wir in das Städtchen *Gällivare* – der Name spricht sich ganz kehlig „Jelliworre". Eine Veränderung können wir hier im Norden im übrigen deutlich spüren, die Gemüsepreise sind deutlich höher als im „wärmeren" Süden; und noch etwas, werfen Sie mal einen Blick auf die Beschilderungen – viele Ortsschilder sind zwei- oder sogar dreisprachig: schwedisch, samisch und finnisch. Wir bleiben in Gällivare – der örtliche Campingplatz ist nicht nur preisgünstig, er ist auch gut ausgebaut und zentral gelegen, so dass wir für einige Exkursionen mal wieder auf das Fahrad umsteigen können.

**Streckenlänge: ca. 350 km (plus 360 km Abstecher)**

**Auskunft**

Vilhelmina Turistbyra
Volgsövägen 29
S-91232 Vilhelmina
Telefon 0940-15270
Telefax 0940-10202

Arjeplog Turistbyra
Torget
S-93090 Arjeplog
Telefon 0961-11220
Telefax 0961-10595

**Übernachten**

*Vilhemina*
Leif und Lotta Ahlmark
Forsnäs 36
S-91290 Vilhelmina
Telefon 0940-33012
(persönlich und gemütlich – ganzjährig geöffnet)

*Arjeplog*
Kraja Fritidsanläggning
S-93090 Arjeplog
Telefon 0961-11220
(sehr moderner Platz – ganzjährig geöffnet)

**Was lohnt sich besonders**

* Vildmarksvägen
* Canyon Hällingsafallet
* Naturum in Gäddede
* Ankarede Samenkirchplatz
* Korallengrotte bei Ankarvattnet und Bjurälven (Nur mit Führer – Anmeldung unter Telefon 0672-10500). Die Touren zum Bjurälven werden nur zweimal pro Woche unternommen (Ausgangspunkt ist der Bauernhof Leipikvattnet)
* Stikkenjokkplateau
* Samisiedlung Fatmomakke, besonders das Mittsommerfest (24.–26. Juni)
* Wasserfall Trappstegsforsen
* Vilhelmina Kyrkstad und Handwerksgeschäfte
* Silbermuseum in Arjeplog
* Bergtour auf den Galtispuoda

# Sapmi – Volk der Sonne und des Windes

Die Samen oder Sami sind die Ureinwohner Nordschwedens, das Wort Lappen ist eigentlich ein verächtlicher Begriff, den christliche Missionare eingeführt haben. „Volk der Sonne und des Windes“ nennen sie sich selber, und ihre Nationalflagge für eine Nation, die nicht existiert, einen Staat namens „Sapmi“, zeigt diese Symbole in der Farbe wieder – gelb für die Sonne, blau für den Wind des Himmels, rot für die Farben der Erde und des Herbstes.

Willkommen in Jokkmokk, und vor allen Dingen willkommen in Ajtte, im Museum, das der schwedischen Fjäll- und Samenkultur gewidmet ist. Der Name „Ajtte“ ist das samische Wort für Vorratsspeicher. Und ein Vorratsspeicher für Wissen und Kultur soll auch das Museum in Jokkmokk sein. Sie können in Schweden viele Besichtigungen auslassen, doch das Ajtte-Museum lege ich Ihnen ans Herz. Wenn Sie Lappland verstehen wollen, wenn Sie die unendliche Weite, Einsamkeit und Schönheit dieses Landes wirklich begreifen wollen, dann ist die Auseinandersetzung mit der Kultur der Sami und den Eigenheiten des Fjälls ein absolutes Muss.

Doch werfen wir zunächst einmal einen Blick auf die Ureinwohner Skandinaviens, denn archäologische Funde bei Alta in Norwegen haben bewiesen, dass diese Volksgruppe tatsächlich schon lange vor der Eiszeit dort lebte. Das Reich der Sami erstreckte sich über die gesamte Nordkalotte von Norwegen bis Russland, aber selbst die im Norden Kanadas lebenden Ureinwohner sind mit den Sami verwandt. Der Name Sami ist heute eigentlich recht unsinnig geworden. Ein schwedisches Gesetz von 1971 definiert, dass derjenige ein Same sei, der von Rentierzucht lebt. Doch von den etwa 17.000 Angehörigen dieses Volkes leben nur etwa 2.000 überhaupt von der Rentierzucht. Was denn nun die anderen Sami sein sollen, darum hat sich die schwedische Verwaltung nicht gekümmert.

Wie so oft, gibt es auch hier in diesem Wohlstandsland ein hausgemachtes Integrationsproblem, vor allem die Rentierzüchter sind in Schweden nicht besonders gut angesehen. Sie würden die Fjälle überweiden, heißt es so häufig von Seiten der Ökologen, und mit ihren Motorschlitten die zarte Fjäll-Vegetation im Frühjahr kaputt machen. Niemand macht sich offensichtlich Gedanken darüber, dass die Überweidungsprobleme – die tatsächlich existieren – vor allem dadurch entstanden sind, dass die großen Kraftwerksunternehmen, allen voran Vattenfall, den Sami mit großen Stauseen und Staumauern die traditionellen Zugwege von Fjäll zu Fjäll versperrt haben.

Auch Entdecker und Schriftsteller haben viel zum Bild von den Sami beigetragen. Karl von Linné etwa und Luge Nordström. Er hat sich in den zwanziger Jahren damit hervorgetan, Radiointerviews mit den „sogenannten Wilden“ zu führen, um ihnen die Unmöglichkeit ihrer Lebensart zu dokumen-

tieren. Es gibt eine Anekdote, die bezeichnend ist dafür.
„Ihr könnt doch nicht auf einem Boden aus gestampfter Erde leben", sagte er einmal den Leuten, die im Sommer in ihrer Kote saßen und ihn als Gast empfingen. „Wie haltet ihr das aus in diesem Dreck?" Doch seine Gesprächspartner blieben sehr gelassen und gaben ihm zur Antwort: „Natürlich können wir so leben, denn die Mutter Erde ist niemals schmutzig."
Die Sami, deren Selbstbewusstsein als Volksgruppe sich auch in ihrem Engagement in der internationalen Vereinigung der Urvölker dieser Welt zeigt, stellen sich in den Ausstellungen des Ajtte-Museums als ein Volk dar, das in einer Harmonie von Tieren, Menschen und Pflanzen leben will. Interessant ist der Aufbau der Ausstellungen: Angeordnet nach dem Prinzip der Rentierkoppel mit einem zentralen Gehege in der Mitte und zahlreichen kleinen Abteilungen, sog. „Kontoren", die wie Blütenblätter um die Mitte angeordnet sind. So gibt es den „Gang der Zeit", ein Rückblick auf die Entwicklung und Veränderung von Mensch und Kultur auf der Nordkalotte von der Steinzeit bis in die Neuzeit, es gibt die Ausstellung „Sápmi" über Leben, Mythen und Glauben der Sami, „Att reda sig" über samisches Alltagsleben, „Nybyggarliv" oder „Neubürgerleben" – über das Leben der schwedischen Siedler, „pa Väg", über Verkehr und Verbindungen in der Nordkalotte sowie Ausstellungen über Fluss, Wald, Berg und Fjäll. Für eigene Studien finden Interessierte ein großes Archiv und eine Bibliothek. Doch zurück zum Leben der Ureinwohner Skandinaviens – lesen Sie einmal, wie die Sami selbst ihr Schicksal schildern:

*Im Herbst sind die Rentierkoppeln noch verwaist . . .*

*Zu Besuch in der Lappstad von Arjeplog*

*Rentiergeweih*

## Die Trommel des Noaidin

„Wir hatten keine Könige oder Generale, wir brauchten keinen Reichstag. Wir bauten keine großen Städte, um uns darin zu sammeln und auch keine großen Monumente, um drumherum zu stehen. Wir lebten stets verstreut zwischen unseren Fjorden, Wäldern, Flüssen, Bergen und Seen. In diesen Weiten haben unsere Vorväter gelebt, ohne jemandem Rechenschaft ablegen zu müssen. Heute wird unser Recht an dem Land in Frage gestellt. Doch haben wir keine Gesetzbücher, brauchten nie welche. Die Gesetzbücher, die heute über unser Leben bestimmen, sind von Fremden aus den großen Reichen geschrieben, die uns nicht nur umgeben, sondern auch in unser Land eingedrungen sind, die uns andere Sprachen lehren, andere Denkweisen, ein anderes Leben. Aber trotz alledem machen wir unser Recht am Sapmi geltend. Sapmi ist unser Leben. Wir fordern das Recht und die Möglichkeit, unser Leben und unsere Zukunft so zu gestalten, wie wir es für richtig halten. 1988 einigten wir uns darüber, wie die samische Flagge aussehen solle: Sie ist ein Symbol unseres Volkes, das heute in Norwegen, Finnland, der Sowjetunion und Schweden lebt. Offiziell beträgt unsere Zahl etwa 60.000. Selbst glauben wir, weit mehr zu sein. Was uns zu einem Volk macht, außer dem Land, ist unsere Sprache, unser Gewerbe und unsere gemeinsame Geschichte.

Früher war Noaidin unser Führer. Er war der, der uns in der Not beistand. Der jeweilige Noaidin war mehr als nur ein religiöser Führer. Er war auch Arzt, Psychologe, Meteorologe und Anwalt. Mit Hilfe der Trommeln konnte er sich in jenen Trancezustand

*Szenen aus dem Ajtte-Museum – Treffen mit dem Fellhändler*

*Zelt aus Rentierfell – Blick in die Sommerkote*

*Gut isoliert und stabil – die Winterkote der Sami*

versetzen, der nötig war, um mit den Göttern oder anderen Welten Kontakt aufzunehmen. Die Trommel war auch eine Karte vom Kosmos, nicht nur der sichtbaren, sondern auch der oberen und der unteren Welt. Die Bewegung des Zeigers auf der Trommel konnte er als Antwort auf seine Fragen deuten. Mit Hilfe des Vogels konnte er Welten erreichen, zu denen gewöhnliche Menschen niemals gelangten. Auch eine Schlange oder ein Fisch konnten ihm helfen. Man kann verstehen, dass die ersten Missionare Noaidin als eine Bedrohung betrachteten. Noaidin war auch eine vereinende Kraft für unser Volk. Das war wohl der Grund dafür, dass man während des 17. und 18. Jahrhunderts keine Mittel scheute, sie zu verfolgen und ihre Trommeln zu verbrennen. Heute gibt es nur noch etwa 70 dieser magischen Trommeln. Ohne Führer hatte es unser Volk sehr schwer, den äußeren Kräften zu widerstehen, die in immer höherem Maße begannen, in Sapmi zu wirken. Erst Anfang des 20. Jahrhunderts begannen wir, selbst für unsere Rechte zu kämpfen. Unter den Pionieren war eine junge, energische Frau, Elsa Laula. Heute haben wir viele Vereinigungen. Wir haben auch einen nordischen Sami-Rat, der für die Kultur und die Rechte unseres Volkes arbeitet. Schweden hat heute zwei samische Verbände: Der Reichsverband schwedischer Sami und der Reichsverband Same Ednam. Das Ren ist das Tier, das uns durch die Jahrtausende ernährt hat. Einst kannte der Renzüchter fast jedes einzelne seiner Tiere, heute ist das Rengewerbe rationalisiert. Es soll mehr Fleisch und Geld einbringen, und gleichzeitig sollen Anzahl und Arbeitsbelastung der Renhüter verringert werden. Das stellt eine Bedrohung für die Rentierzucht als auch für die Sami-Kultur dar, weil die Rentierzucht der samischen Sprache und Lebensweise zugrunde liegt. Das Ren ist mehr als die Lagerware eines Unternehmens. Es hat große Bedeutung für das Leben in Sapmi.
(Nach einer mündlichen Überlieferung, festgehalten im Ausstellungskatalog „Die Samen – Volk der Sonne und des Windes“ des Aitte-Museums in Jokkmokk)

Ich glaube, diese Worte sind auch wichtig, um ein Land, eine Landschaft und die dort lebenden Menschen zu verstehen. Vor allem wenn man mit seinem Wohnmobil über die einsamen Straßen Nordschwedens fährt und sich manchmal darüber ärgert, dass Rentiere auf der Straße entlangzockeln und sich auch durch Hupen nur unwillig dazu bewegen lassen, endlich freie Bahn zu geben. Rentiere sind zwar halb wilde Tiere, es gibt aber eigentlich kein Tier ohne Besitzer – diesen Hinweis gebe ich Ihnen, falls es mal zu einem kleinen Zusammenstoß mit einem Ren kommt. Diese Unfälle sind – auch wenn nichts passiert – unbedingt meldepflichtig. Und sollte wirklich ein Ren verletzt werden und auch ihr Wohnmobil ein paar Kratzer abbekommen, für die Rentiere gibt es eine staatliche Versicherung, welche die Entschädigung für Besitzer und Unfallbeteiligte regelt. Aber das alles funktioniert nur mit der Polizei. Es hat übrigens eine ganz einfache Ursache, dass die Rentiere und manchmal auch die Elche auf der Straße trotten. In den Straßenschneisen ist es windig, und das hält die Mücken von den Tieren fern.

Für das Ajtte-Museum in Jokkmokk sollten Sie auf alle Fälle wenigstens einen Tag reservieren. Es lohnt sich, zwei- oder dreimal hierher zu kommen, vor allem auch, um die hervorragenden Filme und Diaschauen zu betrachten.

Dort, wo heute der Zentralort Jokkmokk liegt, war früher ein Wintersammelplatz für die Samen dieser Region. Feste Häuser wurden erst gebaut, als Karl IX. im Jahr 1602 beschloss, im Norden eine gewisse Anzahl Marktflecken, sogenannte Marknads, anzulegen, denn Marktflecken, so hatte sich der König überlegt, bringen immer irgendwelche Steuereinnahmen. So wurde also eine Kapelle errichtet, dann ein Pfarrhaus und einige Marktbuden, und über die wurde der sogenannte Lappmarkthandel, wie es das Gesetz vorschrieb, abgewickelt. Damit war der Grundstein für Jokkmokks Marknad gelegt. Im Jahr 1605 wurde das erste Mal Markt abgehalten, und als eine bis heute nicht gebrochene Tradition findet er jeden ersten Donnerstag, Freitag, Samstag im Februar eines jeden Jahres statt. Während dieses Winterfestes ist Jokkmokk übervoll. Wer es also besuchen möchte, sollte ein Jahr vorher den Campingplatz reservieren! Und wem es im Februar noch zu kalt ist – das Thermometer sinkt um diese Zeit bis auf etwa –40 °C – der kann noch den Herbstmarkt Ende August besuchen.

In Jokkmokk spricht man Nord- und Lulesamisch. Das Lulesamisch ist wohl der ursprüngliche Dialekt in der Gemeinde Jokkmokk, und das Nordsamische ist der in Schweden am häufigsten gesprochene Dialekt. Die Sprache der Sami ist von großer Bedeutung, denn mit ihr bleibt auch ihre Kultur am Leben. Zudem ist das Samische eine wichtige Arbeitssprache. Für die Rentierzucht und bei Naturbeschreibungen ist sie ausgesprochen praktisch, da sie reich an exakten Fachausdrücken ist, die es im Schwedischen und in anderen Sprachen nicht gibt.

Heute betreiben die Rentierzüchter ihr Gewerbe meistens in Form einer Genossenschaft. Mehrere Rentierbetriebe und Arbeitsgruppen bilden die sogenannten Zita-Gruppen, und diese wiederum bilden ein Sami-Dorf. Das Dorf nutzt ein geographisch abgetrenntes Weidegebiet, in dem die Mitglieder ihre Zucht betreiben können. Die Samendörfer sind damit nicht nur ein verwaltungsmäßiger, sondern auch ein ökonomischer Zusammenschluss von Rentierzüchtern. Auf dem Areal der Samendörfer befinden sich Zäune, Weiden, Lagerplätze, Hütten, also alles, was die Hüter für ihre Berufsausübung benötigen.
In Jokkmokk selber existieren zwei Arten von Samendörfern: Die Dörfer der Wald- und die der Fjällsamen. Die Waldsamen leben ganzjährig gemeinsam mit ihren Rentieren unten im Waldland, während die Fjällsamen mit ihren Tieren zwischen den Winterweidegebieten im Osten und den Sommerweiden an der norwegischen Grenze wechseln. Auch diese Einteilung in Wald- und Fjällsamen ist bei den Sami selber nicht so gerne gesehen, denn sie sagen, es ist schon wieder etwas, was uns in Schubladen einsperren soll. In ganz Schweden gibt es ungefähr 50 solcher Samendörfer, die periodisch immer wieder von verschiedenen Gruppen bewohnt werden.

*Besuch auf dem Fjäll – Extreme der Natur*

**Besuch auf dem Fjäll**

Die Natur auf dem Fjäll zeigt eine Palette der Extreme – das schwedische Wort „fjäll“ heißt übrigens ganz einfach „Berg, Hochgebirge“ und die von allen Nordlandfahrern so heißgeliebte Textilmarke „fjällräven“ wird in deutscher Übersetzung zum „Bergfuchs“. Die kahlgefegten Hochebenen mit spärlichem Bewuchs weisen ein trockenes, fast wüstenähnliches Klima auf. Im Bereich der Schneefelder ist eine kalte, kurze, feuchte und sehr schattige Wachstumsperiode möglich. Die Pflanzendecke dieser Fjälllandschaft oder auch Gebirgsheiden wird von einigen, nur sehr widerstandsfähigen Arten gebildet. Gleichzeitig stellen jedoch die Blumenwiesen in den Wiesenbirkenwäldern der Fjälls eine der fruchtbarsten Regionen des ganzen Landes dar. Eine Wanderung auf einem Höhenwanderweg, wie dem fast 400 Kilometer langen Kungsleden zum Beispiel, gleicht einer Wanderung durch die Jahreszeiten. Der Kungsleden beginnt in Abisko im Norden und führt über das Kebnekaise-Hochgebirge bis nach Tärnaby. 25 Tage Wanderzeit muss man für die Strecke rechnen, die wirklich nur für geübte und hervorragend ausgerüstete Gebirgswanderer zu empfehlen ist. Das Naturerlebnis aber, so haben mir viele Kungsleden-Wanderer vorgeschwärmt, ist unvergleichlich. Bestimmte Arten von Fjäll-Flora und -Fauna sind einzigartig und kommen auf der ganzen Welt nur in diesen Landschaften vor. Wenn die Wolken sich an den Fjäll-Gipfeln vorbeizwängen, dann sind rasche Wetterwechsel angesagt, die sich – anders als in den Alpen – häufig in Minutenschnelle abspielen. Das Wetter im Fjäll kann an einem einzigen Tag fantastisch und gleichzeitig lebensbedrohlich sein, und Schneefall mitten im Sommer ist keine Seltenheit. Eine zuverlässige Ausrüstung ist deshalb gerade bei den langen Wanderungen unerlässlich. Der Abstecher am Lulevatten entlang bietet einige gute Ausgangspunkte für Fjälltouren, es ist auch möglich, mit dem Boot zur Saltoluokta-Touriststation zu fahren – der „Königsweg“ führt hier vorbei – und auf dem Kungsleden nach Süden zu marschieren oder von Vakkotavare ebenfalls auf dem Kungsleden in den nördlichen Teil des Stora Sjöfallet Nationalparks zu gelangen. Was immer Sie aber tun, gute Ausrüstung, warme Kleidung, festes Schuhwerk und Sachen zum Wechseln sind für jede Fjälltour unerlässlich.

**Gemaltes Licht – der Maler CAJ**

Unweit von Jokkmokk lebt ein Mann, der wie kaum ein anderer das Licht des Nordens, seine Tage ohne Ende und die Weite einer so faszinierenden Naturlandschaft zu charakterisieren vermag. Er tut dies mit Pinsel und Farbe

*Holzsteg übers Moor*

*Der Maler an der Inlandsbahn – Caj und die Bahnstation Apokatno*

auf Leinwand oder Papier und hat Freude daran, das alles den Menschen auch zu zeigen – und vielleicht das eine oder andere Bild zu verkaufen. Der Mann heißt CAJ – das ist Name und Markenzeichen gleichzeitig. Seine Bilder hängen in großen und bedeutenden Galerien Schwedens, trotzdem ist er der sympathische und bescheidene Maler aus Jokkmokk geblieben, einer der sich freut, wenn man ihn und sein Atelier besucht, einer der gerne diskutiert (und sich dabei auch wohl zu präsentieren vermag). Vor allem im Sommer kann sich CAJ über Mangel an Besuch nicht beklagen. Das liegt vor allem daran, dass er eines Tages eine alte Bahnstation der Inlandsbahn kaufte und als Domizil und Atelier umbaute. Apokatno heißt die Station, ein hübsch renoviertes rot-weißes Häuschen mit Fahnenmasten vor der Tür – gastfreundlich wie man ist flattern einige europäische Fahnen im Wind. Einen Fahrplan gibt es auch noch und das Schild der Bahnstation ist keine Attrappe – nein, die Inlandsbahn hält wirklich regelmäßig in Apokatno. Der Zugführer geht in die Küche und trinkt einen Kaffee, und Caj in seinen weiten verbeulten Cordhosen begrüßt die Fahrgäste des Zuges, lädt sie in seine Galerie ein und erzählt über Licht und Weite, übers Malen und über sich – da ist er denn, ganz sympathisch und zum Anfassen, der große skandinavische Maler, der ganz nebenbei auch noch gut verkauft. Für jeden hat er ein nettes Wort parat, französisch, deutsch, englisch – CAJ ist eine lappländische Institution und Sehenswürdigkeit in Personalunion, und seine Bilder, so scheint mir immer wieder, schaffen es wirklich, ein wenig von dem Leuchten dieser Landschaften zu transportieren.

**Natürliche Energien – Besuch im Kraftwerk**

Ein kurzer Dreh mit dem Schlüssel und der Berg öffnet sich – die Einfahrt ins Kraftwerk ist unspektakulär – eine Tiefgarage in der Großstadt ist aufregender. Langsam schließt sich die Stahltür hinter dem dunkelblauen VW-Bus, ein ständiges Summen und Raunen erfüllt den Berg. Das ist nicht die Heimat der Trolle oder Bergwichtel –

wir sind auf dem Weg ins Allerheiligste der Kraftwerker – die Maschinenräume des neuen Kraftwerkes Porjus. Erster Hinweis der netten Fremdenführerin von Vattenfall – „No Photos“ – also machen wir keine provokant sichtbaren Fotos. Energiegewinnung in Lappland ist eine Geschichte unendlicher Entbehrungen, die Pioniere des Kraftwerkbaus hatten kein leichtes Leben. Kein Wunder also, dass ihnen mit dem alten Kraftwerk Porjus ein ganzes Museum gewidmet ist. Und natürlich geht's auch um Strom, um Leiter und Isolatoren, um Starkstrom und Schwachstrom, um Erzzüge und um Umweltschutz. Wenn wir heute durch die gigantischen unterirdischen Hallen gehen, ist die Arbeit der Bauleute fast vergessen – doch die Konditionen, unter denen das Kraftwerk entstand, sind typisch für das Leben in Lappland.
Als am 20. Mai 1910 der schwedische Reichstag beschloss, für 10 Millionen Schweden-Kronen ein Kraftwerk im Norden des Landes zu bauen, nahm man den Vorschlag der schwedischen staatlichen Kraftwerksverwaltung „Vattenfall“ an und bestimmte Porjus als Standort. Damit glaubte man sowohl die Erzfelder beliefern zu können als auch Strom für die Elektrifizierung der Bahnstrecke Lulea-Riksgränsen liefern zu können. Das Baumaterial für die teilweise bis zu 1500 Bauarbeiter kam in Gällivare mit der Bahn an und wurde dann – wie auch der gesamte Proviant – auf abgesteckten Pfaden zur Baustelle getragen. 50 Kilometer – eine halbe Krone pro Kilogramm und eine Last von bis zu 70 Kilogramm pro Mann. So wurde bis zum Juli 1911 gearbeitet, dann konnte die Bahnstrecke Gällivare-Porjus den Transport übernehmen. Unter welchen Bedingungen die Bautrupps lebten, zeigt das Museum in eindringlichen Fotos – Hütten und Baracken aus Kistenbrettern schützten nur notdürftig vor Nässe oder Kälte, die hygienischen Verhältnisse waren himmelschreiend. Der Stundenlohn von einer halben Schweden-Krone verschwand nicht selten in den Taschen von Falschspielern und Betrügern, die in den Kneipen des „Bretterbuden Bezirks“ von Porjus ihr Unwesen trieben (ein Teil des Gebietes heißt noch heute „Tal der Gauner“).
Im Februar 1915 wurde das erste Kraftwerk am Luleälv eingeweiht – 38 Megawatt erzeugte es damals, heute erzeugt Porjus über 500 MW und ist damit das zweitgrößte Flusskraftwerk am Luleälv. Der Fortschritt aber war gleichzeitig der Todesstoß für eine einmalige Kulturlandschaft – natürliche Energiegewinnung dient nicht unbedingt der Natur, dessen sind sich auch die Schweden heute bewusst. Eine Konsequenz dieser Erkenntnis ist die Entscheidung, den Vindelälv als einzigen der großen Ströme Nordschwedens nicht durch Staustufen auszubauen. Porjus und Vuollerim sind heute die Schaltzentralen für Kraftwerke und Hochspannungsnetze im Norden Norrlands. Damals, vor dem Beginn der Bauarbeiten, hatte das Dörfchen Porjus, dessen Name vom lappländischen Wort „Parjas“, d.h. „Segel“ kommt, sieben Einwohner.
Etwas über die Ängste und Schwierigkeiten der samischen Ureinwohner, die nach dem Aufstauen des Luleälvs immer wieder ihre Hütten abreißen mußten, um in höhere Uferregionen des Akkajaure zu ziehen, erfahren wir in dem wohl schönsten Buch über Lappland. Das Buch – ein großer Fotoband – heißt „mitt Lappland“. Es

stammt von dem berühmten Bergpiloten und Lapplandfotografen Sven Hörnell, dessen Atelier und Ausstellung wir in Riksgränsen noch besuchen werden.
„Ein immer größeres Gewässer", so schreibt Sven Hörnell, „mit immer härteren Wellen erodiert die Ufer. Die ehemaligen Buchten, natürliche Bootshäfen und Bade- und Spielplätze der Kinder, verschwanden in die Tiefe. Man versteht leicht, dass sich die Lappen betrogen fühlen. Sehen sie doch den guten und aufwendigen Landesteg für das Touristenboot, wogegen die Versprechungen der Behörden bezüglich zweckdienlicher Landestege und Schutzvorrichtungen für die Boote der Lappen nicht erfüllt wurden."
Natur und Fortschritt und die vitalen Interessen der Menschen zu vereinen, ist nun einmal nicht leicht.

**Die Bergwerksstätte Gällivare und Malmberget**

Lassen Sie uns einmal ein Buch aufschlagen, das als literarischer Reiseführer durch Schweden und als Reisevorbereitung wundervoll zu lesen ist. Es ist „Nils Holgerssons wunderbare Reise durch Schweden" von Selma Lagerlöf:
„Zu dieser Zeit befand sich Asa Gänsemagd weit oben in Lappland bei den großen Gruben, die Malmberg genannt werden. Der kleine Mats und sie waren durch weite, endlose Waldgebiete gewandert, bevor sie hierher gekommen waren. Tagelang hatten sie weder Äcker noch Höfe gesehen, nur kleine, armselige Krankenstationen, bis sie plötzlich das große Kirchdorf von Gällivare erreichten. Es lag mit seiner Kirche, dem Bahnhof, Rathaus, der Bank, Apotheke und Hotel am Fuß eines hohen Berges, der noch zur Mittsommerzeit, als die Kinder ankamen, Streifen von Schnee hatte. Fast alle Häuser in Gällivare waren neu und ordentlich gebaut. Aber nicht in Gällivare, sondern in Malmberg, der ein Stück weiter im Norden lag, mussten sie ihren Vater suchen und dort sah es nicht so wohlgeordnet aus. Obwohl die Menschen schon lange wussten, dass es ein großes Eisenerzgebiet in der Nähe von Gällivare gab, war der Abbau erst vor wenigen Jahren richtig in Gang gekommen, als die Eisenbahnlinie fertiggestellt worden war. Da waren mehrere tausend Menschen auf einmal dort hinaufgeströmt. Arbeit hat es genug für alle gegeben, aber nicht genügend Wohnungen. (...)
Inzwischen hatte man zwar viele ordentliche Häuser gebaut, aber der Ort sah trotzdem sehr seltsam aus. Es gab große Siedlungen mit hellen, hübschen Häusern, aber mitten dazwischen stieß man auf ungerodetes Waldgebiet mit Felsen und Baumstümpfen. Es gab große, schöne Villen für Direktoren und Ingenieure, und es gab niedrige merkwürdige Schuppen, die noch aus der ersten Zeit dort standen. Es gab Eisenbahnlinien und elektrisches Licht und große Gebäude für Maschinen. Durch einen Tunnel konnte man auf Schienen tief in den Berg hineinfahren, der von kleinen Glühlampen erleuchtet wurde. Aber rundherum war die große Wildnis, wo keine Äcker gepflügt und keine Häuser gebaut wurden, wo es nichts anderes gab als Lappen, die mit ihren Rentieren umherzogen."
Noch immer fahren die Menschen in Malmberget in den Berg ein, noch immer wird das Eisenerz in gigantischen

*Staustufen hinterlassen unübersehbare Wunden in der Natur – Ökologie und Ökonomie sind schwer zu vereinen*

Zügen in die Verladehäfen Lulea und Narvik gefahren, noch immer leben die Menschen vom Reichtum an Bodenschätzen – wie lange noch? Die Frage ist provokant gestellt, aber sie hat ihre Gründe, denn von der Goldgräberstimmung der Anfangszeit, die sich auch in dem hübschen „Museumsdörfchen" widerspiegelt, ist kaum noch etwas zu spüren. Der Berg gibt den Menschen Arbeit und Brot – wohl noch auf lange Zeit, glaubt man den Geologen der Minengesellschaft – aber er zeigt auch Ermüdungserscheinungen. Mitten in dem kleinen Grubenstädtchen klafft eine große Grube, enden Wege und Straßen, Häuserzeilen und Parkanlagen an einem hohen Maschendrahtzaun. Was im Bergwerksslang so lakonisch mit Senkungsschäden umschrieben wird, hat hier in Malmberget eine ungewollte Touristenattraktion geschaffen. Irgendwann ist schlicht und ergreifend ein ganzer Stadtteil in einem großen Loch verschwunden. Natürlich nicht von einem Tag auf den anderen, sondern schön langsam immer tiefer und tiefer, Meter für Meter ... Ein etwas grusliger Schauer läuft denn auch den Touristen über den Rücken, die sich die versinkende Stadt von nahem anschauen. Schon sind die nächsten Häuser evakuiert, Fenster und Türen vernagelt. Heute ist es zu spät, etwas zu unternehmen, der Berg ist löchrig wie ein Schweizer Käse. Doch der Blick in die Bergwerke lohnt sich, wobei die (grundsätzlich geführte) Besichtigung in Kiruna – unsere nächste Etappe führt uns dorthin – lohnender ist als Malmberget. Schließlich ist die Grube

in Kiruna der größte Eisenerzabbau der Welt.
Der Eisenerzabbau beschäftigt in dem Doppelstädtchen Gällivare-Malmberget gut 1000 Menschen, doch alle wissen, dass die derzeit abgebaute Hauptfördersohle nur noch bis ins Jahr 2004 rentabel ist. Ob bis dahin neue Fördersohlen, neue Vorkommen oder Arbeitsalternativen gefunden sind, weiß so recht niemand. Wenn die Grubengesellschaft LKAB in Malmberget zu arbeiten aufhört, sind die sozialen und ökonomischen Folgen unabsehbar, die ökologischen sind es schon lange.
Nicht weit von Malmberget ist ein weiteres sehenswertes Loch – die Aitik Kupfermine. Ein gigantischer Tagebau – beeindruckend ist es schon, mit welcher Urgewalt die riesigen Schaufelbagger sich in die Erde hineinfressen und die Gesteinsmassen auf nicht minder riesige Muldenkipper verladen. Aus der Entfernung sieht das Ganze wie ein überdimensioniertes Sandkastenspiel aus. Solange der Motorenlärm nicht zu hören ist, kriechen die gelben Kipper wie große Käfer die steile Serpentinenstrecke am Grubenrand hoch. Mit einem der Ingenieure fahren wir selber in das Bergwerk. Die Allrad-Nissans der Grubeningenieure sind alle mit einem rund sechs Meter langen Glasfiberstab und einer roten Fahne ausgestattet – etwa so wie die Kinderfahrräder. Das, so erklärt uns Ole Bengström, sei für die Fahrer der Kipper, sonst könnten die so einen kleinen Nissan Patrol leicht übersehen. Was das für Konsequenzen haben kann, mag sich ausmalen, wer die bald 10 Meter hohen Räder der Lkw einmal von nahem betrachtet hat oder die Baggerschaufel, in der ein Omnibus bequem parken kann. In der Mine wird auch Gold und Silber gefunden – allein der Erlös dieser Edelmetalle reicht aus, um die Betriebskosten zu decken. Mit dem Kupfer wird Reingewinn gemacht.
Zurück in Malmberget und Gällivare – lassen Sie sich einfach noch ein wenig durch die beiden Städtchen treiben. Die Buden von Kakstan, dem „Klondyke“ des Nordens, sind gut zum Stöbern und wer auf dem Spaziergang am Gedenkstein „Den tänkande Samen“ (Der denkende Same) vorbeikommt, der mag noch einmal über den eingemeißelten Spruch nachdenken: „In der Vergangenheit war dieses mein Land – In der Zukunft bewahre mein Volk“.

**Hier geht's lang: Gällivare – Svappavaara – Kiruna**

Über Nordlandeinsamkeit verlieren wir jetzt kein Wort mehr – von Gällivare bis Kiruna geht es 120 stille Kilometer durchs Land der Rentiere. Bis Svappavaara bleiben wir auf der 45 (die ab Gällivare auch E 10 heißt), und dann halten wir uns leicht nordwestlich und folgen der E 10. Jetzt fahren wir nicht mehr auf dem Inlandsvägen, der Via Lappia, sondern auf dem Nordkalottvägen, der Nordschweden von Lulea am Bottnischen Meerbusen bis Riksgränsen an der schwedisch-norwegischen Grenze durchquert. Spannende Abwechslung bieten hier oben vor allem die häufig unaussprechlichen Namen auf den Ortsschildern. Das Wort „vaara“ z.B. heißt einfach „Berg“. Etwa 20 Kilometer nördlich von Gällivare kommen wir in Muorjevaara vorbei – wem die Reisekasse zu mager erscheint, der kann in diesem alten Goldgräberlager sein Glück im Goldwaschen versuchen.

Wir haben noch einen anderen lohnenswerten Abstecher gemacht und uns die Kapelle von Kaitum angeschaut, eine ganz einfache Holzkapelle in der Form der Samen-Zelte. Sie ist eine Erinnerungsstätte an den schwedischen UNO-Generalsekretär Dag Hammarskjöld. Normalerweise ist sie nicht verschlossen. Gute 10 Kilometer von Kaitum entfernt liegt außerdem das Samendorf Killingi mit einer sehenswerten alten Schule.

In Svappavaara also verlassen wir den Inlandsvägen 45 (wir kommen nach unserem Abstecher in Richtung Norwegen wieder hierher zurück!) und folgen der E 10 bis nach Kiruna. Die Bergwerksstadt ist schon von weitem an ihrer großen Abraumhalde und dem auch äußerlich angenagten Berg Kirunavaara zu erkennen. Die Grube der Luossavaara-Kirunavaara-Aktiebolag (LKAB) ist mit bald 700 Kilometern asphaltierter Straßen untertage das größte Bergwerk der Welt. Auf dem Stadtcampingplatz von Kiruna haben wir einige Tage verbracht – er ist nicht sonderlich romantisch gelegen, aber gut ausgestattet mit Sauna, Duschen, Küche etc. Außerdem bekommt man recht schnell Kontakt zu den Leuten in der Stadt, denn abends kommen viele Spaziergänger – vor allem mit ihren Hunden – über den Platz, um im benachbarten Wäldchen spazieren zu gehen. In der Wintersaison sind diese Spazierwege beleuchtete Loipen.

**Streckenlänge: ca. 120 km (+300 km Tour Kiruna – Riksgränsen – Kiruna)**

**Sapmi – Volk der Sonne und des Windes**

**Auskunft**

Jokkmokks Turistbyra
Stortorget 4/Box 124
S-96223 Jokkmokk
Telefon 0971-12140
Telefax 0971-17289

Gällivare – Malmberget Turistbyra
Storgetan 16/Box 56
S-98221 Gällivare
Telefon 0970-16660
Telefax 0970-14781

**Übernachten**
Jokkmokks Turistcenter
96222 Jokkmokk
Telefon 0971-12370
(ganzjährig geöffnet)

Anglamarks Camping
96030 Vuollerim
(sehr schöner Platz mit Pizzeria, geöffnet im Sommer)

Gällivare Camping
98221 Gällivare
Telefon 0970-18679
(ganzjährig geöffnet)

**Was lohnt sich besonders**
* Lappstaden in Arvidsjaur
* Ausgrabungen und Museum Vuollerim 6000
* Ajtte-Museum in Jokkmokk
* Maler Caj Poulsen (CAJ) in Apokatno
* Kraftwerke Harspranget und Porjus
* Stora Sjöfallet Nationalpark und Akkajaure
* Malmberget Grubenmuseum „Gruvmuséet“ und versunkene Stadt
* Kakstan, Malmbergets historische Bergwerksstadt
* Disponentvillan (Villa des Bergwerksdirektors von 1891)
* Aitik Kupfermine (größte Europas, gleichzeitig Schwedens größte Goldmine)
* Gällivare Bildstein „Der denkende Same“
* Ein-Öre-Kirche (alte Samikirche in Gällivare)

# Kiruna – Puls des Nordens

Kiruna ist die nördlichste Stadt unserer Reise. Bald drei Monate geht hier im Sommer die Sonne nicht unter (Ende Mai bis Mitte Juli) und nicht minder lange lebt die Stadt im Winter unter künstlicher Beleuchtung, weil die Sonne nicht über den Horizont kriecht. Lange Zeit war sie mit 20.000 Quadratkilometern die (flächenmäßig) größte Stadt der Welt. Diesen Rang hat ihr jetzt eine Stadt in den australischen Outbacks abgelaufen. Sicherlich ist Kiruna mit einem Durchschnittsalter seiner Einwohner von ca. 35 Jahren jedoch noch immer eine der jüngsten Städte der Welt.

Als Stadtgründer – da schon zeigt sich die enge Verschmelzung von Grube und Stadt – gilt der LKAB Gruben-Manager Hjalmar Lundbohm, ein Geologe mit großen Visionen. Im Jahr 1900 wurde mit der Stadtgründung begonnen und um einen Wildwuchs der Siedlungen gar nicht erst zuzulassen, entwarfen Architekten Kiruna am Reißbrett. Das ist der Stadt heute noch anzusehen – und die Tradition wurde fortgeführt. Sachlich gradlinig (und für manchen etwas lieblos) wird hier gebaut, das Stadthaus von 1963 ist eines der Paradebeispiele. Die Ausstellungen im Inneren des Stadthauses sind übrigens immer sehr lohnenswert. Wer in Kiruna ein gemütliches Café sucht, dem sei der Hjalmar Lundbohmsgarden ans Herz gelegt. Das ehemalige Disponentenheim in einem der ältesten (und schönsten) Häuser von Kiruna ist heute Museum und Galerie gleichzeitig. Wir haben stundenlang den Garten genossen, Tee getrunken, während hinter uns, verdeckt durch die großen Bäume das ständige Rumpeln der Steine auf den Abraumhalden der Mine den Lebenspuls der Stadt anzeigt. Dieses Herz von Kiruna, das inzwischen rund 1000 Meter unter dem ursprünglichen Gipfel des Kirunavaara schlägt, ist auf einer mehrstündigen Bustour zu besichtigen. Über tausend Menschen arbeiten in der Grube, sie ist nicht nur die größte Eisenerzmine der Welt, sondern in Hinsicht auf Arbeitssicherheit und soziale Konditionen eine der vorbildlichsten. Wer das Bergwerk nicht live erlebt hat, versteht die Stadt und die Menschen in der Region nicht, heißt es.

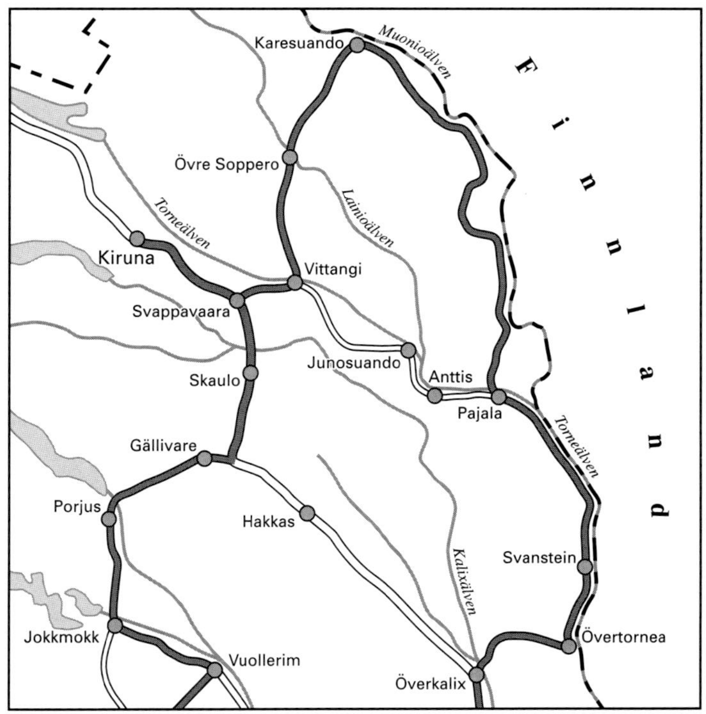

Die Erzveredelung erfolgt vor Ort. Die Züge nach Lulea und Narvik sind mit Pellets beladen, kleine Eisenerzkügelchen, die zum Wahrzeichen der LKAB geworden sind. Um das nicht zu vergessen, bekommt auch jeder Grubenbesucher einige dieser Murmeln mit auf den Weg. Die alte Stadtkirche von Kiruna ist ein Geschenk der LKAB an die Bürger – das war zu Zeiten Hjalmar Lundbohms, in der Goldgräberstimmung zu Beginn des Jahrhunderts.

Inzwischen gibt es aber auch andere Aktivitäten, die einer zu großen Abhängigkeit der Stadt vom Bergbau entgegenwirken. Das Raumfahrtzentrum Esrange gehört dazu, der Tourismus im Sommer und – zunehmend – auch im Winter, Forschungsstationen wie EISCAT, deren Nordlichtforschung seit 1950 versucht, dem geisterhaften Phänomen auf die Spur zu kommen. Auch die Satellite Picture Ltd. gehört zu den jungen Attraktionen der Raumfahrtstadt Kiruna – von hier kamen im übrigen die ersten Satellitenbilder der Reaktorkatastrophe von Tschernobyl. Der Reaktorunfall ist heute zum makabren Werbeträger der Stadt geworden. Die Wolke des radioaktiven Niederschlags ist südlich von Kiruna, Abisko und Riksgränsen vorbeigezogen und somit sind Rentierfleisch, Pilze und Moltebeeren ohne schlechtes Gewissen genießbar.

Hier in Kiruna finden wir auch eine Einrichtung, die in ganz Schweden einzigartig ist: Das Handwerkerinnenkollektiv Mattarahkka. Der Mythologie der Samen zufolge übertrug die Urmutter – Mattarahkka – dem Menschen seine Seele. Der Name stand

*Der Berg als Wahrzeichen der Stadt – Blick über Kiruna*

Pate für eine Ateliergemeinschaft von sechs samischen Frauen, die hier nicht nur alte Handwerkstraditionen der Samen pflegen, sondern vor allem in Seminaren und Workshops das Verständnis der samischen Kultur fördern wollen. Mattarahkka ist auf jeden Fall die beste Adresse, um samisches Kunsthandwerk zu erleben und auch einiges einzukaufen. Vor dem großen und hellen Gebäudekomplex aus Holz flattert die Fahne Sapmis im Wind – Mattarahkka gibt nicht nur den sechs Frauen Arbeit, sondern einer großen Anzahl von Samen der Region, die in traditioneller Heimarbeit Horn- und Holzschnitzereien anfertigen und im Handwerkszentrum zum Verkauf anbieten. Alles, was Sie dort kaufen können, sind eigentlich Gegenstände des alltäglichen Lebens der Samen: Kleidung, Schuhe, Trinkgefäße, Schmuck, Taschen. Und weil dieses Frauenprojekt so einzigartig ist, hat die schwedische Königin selbst es im UN-Jahr der Urvölker (1993) eingeweiht und die Patenschaft übernommen. Die Kooperative ist leicht zu finden: etwa fünf Kilometer auf der E 10 Richtung Narvik, dann sehen Sie schon die Flagge rechts der Straße. Noch ein Sprachtip: Samen-Kunsthandwerk heißt auf Schwedisch „Sameslöjd“ und in der Sprache der Samen „Duodji“.

### Blick ins All – die Raketen von Esrange

Ein kleiner Ausflug nur: Die genaue geographische Position unseres Zieles lautet 67° 56’ Nord und 21° 04’ Ost, auf dem Briefkasten steht ESA und SSC – Swedish Space Corporation. In Esrange, einige Kilometer von Kiruna entfernt, haben wir uns mit Babro

*Kunsthandwerk in der Samikooperative Mattarahkha*

Minde verabredet. Sie ist verantwortlich für die Öffentlichkeitsarbeit des einzigen europäischen Weltraumbahnhofs und führt uns mit der so bewundernswerten skandinavischen Offenheit durch die Heiligtümer der Basis. Zu Fuß durch Kontrollräume und Raketenhallen – mit dem Auto über das Gelände, vorbei an Abschussrampen, riesigen Antennen und großen Freiflächen für die Starts von Stratosphärenballons. Hier oben im kalten Norden treffen sich Spezialisten und Wissenschaftler der amerikanischen NASA und der European Space Agency ESA, die Japaner von NASDA und ISAS, die Franzosen der CNES und die deutschen Raumfahrer der DARA und DLR – kurz und gut, alle, die irgendwie mit der Raumfahrt im Geschäft sind, geben sich in Esrange die Türklinke in die Hand. Wir hören so ziemlich alle Sprachen bei unserem Rundgang und wundern uns auch nicht mehr, als ein netter junger Mann in breitestem Münchener Bairisch anfängt, uns die Abschussvorrichtungen für Raketen zu erklären. Franz – nach gut schwedischer Manier hat er sich nur mit Vornamen vorgestellt – ist von Ottobrunn nach Nordschweden gekommen und dann auch gleich dageblieben. „Wenn ihr einmal den Winter hier verbracht habt, dann wollt ihr so schnell nicht mehr weg," erklärt er uns ganz lakonisch seine Vorliebe für den hohen Norden, außerdem seien es die Schweden, mit denen zu arbeiten und zu leben einfach fantastisch sei, und im übrigen gebe es für Raketenspezialisten auch nicht so viele zivile Arbeitsplätze...

Esrange ist neben dem französischen Kourou auf Guyana die bedeutendste Forschungsstation der ESA – Schwerpunkt der Recherche sind das Nordlichtphänomen und meteorologische Studien. Gerade dafür ist Esrange ideal, weil die Luft klar und unvergiftet ist. Bis zu 600.000 $m^2$ groß sind die Ballons, die mit ihren Instrumenten in die Stratosphäre geschickt werden. In 40 km Höhe werden die Messkapseln ausgeklinkt und mit dem Fallschirm auf den Rückweg geschickt. Alles wird mit Radar überwacht und sowie die Kapsel in Bodennähe ist, fliegt der Hubschrauber los, um die Instrumente einzusammeln. Mehr als 100 mal 100 Kilometer misst die Fläche, die auf unseren Karten wieder nur ganz lakonisch mit „Raketskjutfält" bezeichnet wird. Wenn ein großes Raketen- oder Ballonexperiment ansteht, werden die wenigen Einwohner dieses Gebietes informiert – sicherheitshalber. Die Kapseln mit den wissenschaftlichen Messungen können problemlos und ohne Formalitäten aus Norwegen, Schweden, Finnland und sogar aus Russland per Helikopter zurückgeholt werden, ein spezielles Abkommen macht's möglich. Starts sind die eine Seite des Weltraumgeschäfts, Überwachung und Auswertung der Experimente die andere. Dafür ist Esrange mit verschiedenen Kontrollräumen, Labors und Hangars ausgestattet. Sie werden von Experiment zu Experiment speziell ausgestattet – gerade so, wie es die Wissenschaftler brauchen. Ein großes Kontrollzentrum ist ständig besetzt – verschiedene Satelliten werden hier dauernd überwacht und gesteuert. Dafür ragen die großen Parabolantennen aus dem Wald, quasi die Fernsteuerung der Satelliten. Tele-X, Spot, Landsat, Freja, Exos und noch viele andere künstliche Himmelskörper werden von Esrange aus gesteuert.

*Morgendunst – Hütte auf dem Fjäll*

Es ist übrigens kein Problem, in dem Weltraumbahnhof eine Besuchserlaubnis zu bekommen, wenn es einige Tage vorher angemeldet wird. Ansonsten steht den Besuchern ein spannendes Informationszentrum offen, in dem es unter anderem sehr schöne Satellitenbilder von Schweden zu kaufen gibt. Einige Kilometer vor dem Tor der SSC-Anlage steht das Gebäude der ESA – anders als bei den Schweden ist hier alles Geheimnis, die Türen bleiben zu und so können wir nur die schöne Ansammlung an europäischen Flaggen vor lappländisch blauem Himmel fotografieren. Ein Besuch in Esrange dauert gut und gerne einen ganzen Tag.

*Tor zum Königsweg – Beginn des Kungsleden an der Abisko Fjällstation*

Auf dem Weg von Kiruna nach Esrange – etwa 10 Kilometer auf der E 10 zurück in Richtung Svappavaara und dann links Richtung Jukkasjärvi auf die Nebenstraße – machen wir natürlich auch einen kurzen Halt in Jukkasjärvi. Im Sommer ist es vor allem das Heimatmuseum mit einer gemütlichen Cafeteria (hervorragende Waffeln!), was die Menschen anzieht – hier ist die Geschichte der Samen und der Gemeinde Tornedal erzählt. Im August (zumeist vom 5.–7.8.) findet ein großer Markt statt. Im Winter, der eigentlichen Saison von Jukkasjärvi, wird ein Festival der Eisskulpteure gefeiert und es gibt – einzigartig in ganz Schweden – ein Hotel, dessen Empfangshalle und Bar sowie einige Zimmer ganz aus Eisblöcken gefertigt sind.

Noch zwei praktische Tips zum Schluss: Dienstags und donnerstags werden Busfahrten durch die Raketenbasis von Esrange veranstaltet – Karten dafür können Sie auch im Heimatmuseum Jukkasjärvi bestellen. Esrange – das ist wirklich eine andere Welt inmitten dieser unbändigen Natur. High-Tech, versteckt in der Weite Lapplands und dazu Menschen, denen es Spaß macht, von ihrer Arbeit zu erzählen. Sie arbeiten übrigens – und das ist ihnen wichtig – nie für militärische Operationen!

### Auf der Nordkalottenstraße nach Riksgränsen

Von Kiruna aus kann sich niemand verfahren – es gibt nur eine einzige Straße, die in den äußersten Nord-

westzipfel Schwedens führt, das Ziel unseres Abstechers von etwa 300 Kilometer Länge (Hin- und Rückfahrt). Es ist die parallel zur Erzeisenbahn verlaufende Nordkalottenstraße nach Narvik. Acht bis neun Monate im Jahr ist diese nördlichste Autobahn der Welt nur mit Winterreifen befahrbar. Zu Beginn des Herbstes ist dieser Streckenabschnitt besonders eindrucksvoll – die Luft ist außerordentlich klar und die Farbenvielfalt der sich auf den langen Winter vorbereitenden Natur verleitet zum unendlichen Schauen und Träumen. Die meiste Zeit fahren wir am Ufer des Torneträsk entlang, der im Spiegel seines Wassers den blauen Himmel und die kleinen weißen Wolkenfetzen nachzeichnet. Nach knapp 100 Kilometern kommen wir in Abisko an. Im Sommer sind hier regelrechte Menschenmengen anzutreffen – alle in Tourenkleidung. Kein Wunder, in der Abisko-Touristenstation beginnt (oder endet...) der legendäre Fernwanderweg Kungsleden. Er ist etwa 400 Kilometer lang und gehört wohl zu den intensivsten Schwedenerlebnissen, die man sich gönnen kann – vor allem, wenn man ihn mit Skiern erwandert. Wir sind auch von Abisko einige Kilometer auf dem Königsweg gewandert, schon um einmal durch das Törchen (wirklich, er beginnt mit einem Holztor) zu laufen. Im Sommer ist der Weg eine echte Wanderautobahn durch absolute Einsamkeit, manchmal treffen Sie bis zu 10 Leute pro Tag...

Eine andere touristische Sensation von Abisko will mir nicht so recht schmecken. Es ist die Seilbahn auf den Berg Noulja oder Njulla – für die Samen ist er ein heiliger Berg, eine Kultstätte. Ihn zu erwandern empfinde ich als passender. Ein Blick Richtung Westen lohnt sich von dem Berg besonders, es ist fast die schönste Perspektive für den berühmten Pass Lapporten, die charakteristische Senke zwischen Tjuonattjakka und Nissuntjarro. Einige Kilometer weiter kommen wir an dem Skidörfchen Björkliden vorbei. Auf dem Laktatjakka befindet sich ein olympisches Trainingszentrum und dem Ort gebührt der zweifelhafte Ruf, den nördlichsten (und irgendwie auch überflüssigsten) Golfplatz der Welt zu besitzen.

Im 6 Einwohner zählenden Vassijaure machen wir noch mal Halt an der Bahnstation. Das alte Umspanngebäude ist liebevoll zu einem Museum der Erzbahnen ausgebaut – es zeigt die ungeheuren Schwierigkeiten, die Bahnstrecke immer ausreichend zu elektrifizieren. Als wir aus dem Museum kommen, fährt ein VW-Bus mit Schulkindern auf den Parkplatz. Zwei Kids steigen aus und der Bus braust weiter. Es sind die Kinder des Museumbesitzers, die da gerade aus der Schule in Kiruna kommen – 120 Kilometer Schulweg für die einfache Strecke!

Riksgränsen ist das, was der Name sagt – eine Grenzstation. Bis Narvik sind es jetzt noch etwa 45 Kilometer, und wer nun seine Tour in Norwegen fortsetzen möchte, dem sagen wir hier „Tschüss" und empfehlen das Buch des Kollegen Werner K. Lahmann, erschienen im gleichen Verlag mit dem Titel „Mit dem Wohnmobil durch Norwegen". Wenn Sie noch nicht so bald nach Süden wollen, können Sie unter seiner kundigen Führung bis ans Nordkap fahren.

Wir bleiben in Schweden und schauen uns erst einmal Haus und Ausstellung

des legendären Schweden-Fotografen Sven Hörnell an. Vergessen Sie einfach mal alles, was Sie so über „Dias gucken" denken und lassen Sie die Lichtbildinszenierungen über Lappland auf sich wirken – kein Film könnte dieses Land besser portraitieren als Sven Hörnells Projektionen mit mehr als 20 Groß- und Mittelformatprojektoren, es ist einfach gigantisch. Es gibt das bereits erwähnte Buch dort zu kaufen, „mitt Lappland" heißt es, Sven Hörnell hat es produziert, – schwer, unhandlich, im Wohnmobil immer im Weg und doch ist es das schönste Buch über Schweden.
Genug geschwärmt – übernachten können Sie nur auf einem Park- oder Rastplatz, bevor Sie sich auf den Rückweg nach Kiruna machen ... auf der gleichen Straße wie auf dem Herweg, es gibt ja nur diese eine.

**Hier geht's lang: Kiruna – Svappavaara – Karesuando – Pajala – Övertornea – Lulea**

In Karesuando werden wir uns auf den Rückweg Richtung Süden machen. Also wird dies fast eine Abschiedsetappe. Von Kiruna auf der E 10 knappe 50 Kilometer zurück nach Svappavaara, wo wir wieder auf den Inlandsweg (45) stoßen. Wir folgen ihm, kommen 27 Kilometer später nach Vittangi und nach weiteren 55 Kilometern in Nedre Soppero an. Wer einen Ausflug in die Goldwäscherzeit machen will, dem sei hier ein Abstecher nach Lannavaara empfohlen, es wird auch das schwedische Klondyke genannt. Wenn Sie einfach weiterfahren, kommen Sie noch einmal 55 Kilometer später in dem Grenzörtchen Karesuando an. Es ist auf der Karte auch als Kaaresuvanto und Kaaresavon eingetragen – hier oben wird finnisch, samisch und schwedisch ziemlich wild durcheinander gesprochen. Als wir Anfang September in Karesuando waren, standen noch zwei Wohnmobile auf dem Campingplatz – soviel zur Touristendichte. Eigentlich gibt es außer der Grenzbrücke mit Zoll, einem sehr schönen Kulturhaus, einigen Rentierschlachtereien und dem Pfarrhaus des Predigers Lars Levi Laestadius sowie einigen guten Kunsthandwerksläden wirklich nichts in dem Ort, was irgendwie von touristischem Interesse wäre. Trotzdem ist Karesuando irgendwie typisch für diese ganz einsame Lapplandregion – verloren, ein wenig melancholisch. Wir haben den Campingplatzbesitzer gefragt, was denn die Leute hier so machen und er hat uns voller Begeisterung von den Langlauftouren im Winter erzählt. Dazu sollten Sie wissen, das es in Karesuando auch für schwedische Verhältnisse im Winter sehr kalt ist. Der Ort besitzt den Ruf, regelmäßig die niedrigsten Temperaturen Schwedens zu messen. Minus 45 Grad Celsius im Winter sind da keine Seltenheit. Wir haben zwei Nächte auf dem Campingplatz verbracht – er ist einfach ausgestattet, aber mit einer gemütlichen kleinen Bar in der Rezeption und einem sehr netten Besitzer, der uns sogar extra die Sauna noch mal angeheizt hat, obwohl er eigtentlich dabei war, den Platz zu schließen.

Damit wären wir am nördlichsten Punkt unserer Reise angekommen. Zieht es Sie zum Nordkap, dann müssen Sie hier auf die finnische Seite wechseln und auf der E 8 weiter nach Norden brausen. Auch wenn Sie jetzt rascher ‘gen Süden kommen wollen, sollten Sie die E 8 fahren, allerdings in entgegengesetzter Richtung. Wir „bummeln" auf der gut ausgebauten 400, dem „Tornedalsleden", Richtung Bottnischen Meerbusen. Bevor wir so richtig in Schwung kommen, machen wir noch einen kleinen Abstecher auf den Kaarevaara. Die Straße auf den Berg ist zwar eine Zumutung für jedes Wohnmobil, der Ausblick über die wirklich unendlichen Weiten Lapplands entschädigt aber für das durchgerüttelte Geschirr im Wohnmobil. Südlich des Kaarevaara erstreckt sich Schwedens einzigartige boreale Tundra. Das Wort kommt aus dem finnischen und russischen und bedeutet „Kältesteppe" – es ist eine Moos- und Flechtenlandschaft mit kleinen verkrüppelten Büschen jenseits der arktischen Baumgrenze. Es ist auch eine sogenannte Permafrostregion, der Boden hier taut niemals ganz auf.

Zurück auf der 400 gibt es nur eine einzige Regel – biegen Sie nicht von dieser Straße ab. Es gibt in der Tat nur zwei Stellen, an denen Sie aufpassen müssen: Die Kreuzung in Muodoslompolo, 80 Kilometer von Karesuando entfernt, ist eine davon. Nach links biegt hier die 404 Richtung Muonio in Finnland ab. In Muodoslompolo gibt es eine Steinschleiferei, die auch besichtigt werden kann. Auf der ganzen 400 sind sehr schöne und einsame Rastplätze zu finden, wer also irgendwo eine längere Pause machen will, findet hier alles Nötige von der kleinen Hütte bis zum Klohäuschen und in der Regel auch mindestens einen „Privatsee". Die zweite Stelle, an der Sie aufpassen müssen, ist die Kreuzung bei Aarea-

*Skandinavische Holzarchitektur – Bürgerhaus im Grenzort Karesuando*

*Lapporten oder Tor des Nordens – der Pass zwischen Tjuonattjakka und Nissuntjarro*

vaara, dort biegt die Landstraße 403 von der 400 ab. Die 403 folgt dem schwedisch-finnischen Grenzfluss Muonioälven bis nach Pajala, auf der 400 fahren Sie direkt – auch nach Pajala.

Dieser Ort kann mit einer gewissen Berühmtheit aufwarten, weil er lange Zeit den größten „Frauenmangel" Schwedens aufzuweisen hatte. Auf 100 Männer kamen nur etwa 75 Frauen. Um der Situation abzuhelfen, luden die Männer von Pajala per Zeitungsannoncen unverheiratete Frauen aus ganz Europa zu einem großen Fest ein. Resultat der Aktion: Es kamen eine ganze Menge Frauen, doch bis auf zwei waren alles Journalistinnen, die sich diese Story nicht entgehen lassen wollten. So zumindest erzählt man es noch heute mit einem lachenden und einem weinenden Auge. Von den zwei echten Interessentinnen ist wohl eine tatsächlich in Pajala geblieben und hat sich in einen netten Schweden verliebt ... Pajala besitzt eine der größten Holzkirchen Schwedens und war bis Anfang dieses Jahrhunderts noch eine kleine Industriestadt mit einer Eisenhütte. Daran erinnert jedoch nur noch das Museum. Von 1849 bis zu seinem Tod im Jahr 1861 war der Reformprediger Lars Levi Laestadius in Pajala Pfarrer, viel mehr gibt es nicht zu berichten, wenn ich mir das obligatorische Naturschutzgebiet, Ausgrabungen und ein Heimatmuseum einmal verkneife.

Weiter geht es auf der Grenzstraße an Pello, Svanstein und Juoksengi vorbei, bis wir nach Övertornea kommen. Bei Niskanpää, etwa 20 Kilometer nördlich von Övertornea überqueren wir aufs Neue den Polarkreis. The same procedure ... Parkplatz, Café, Urkunden und Souvenirs. In Övertornea haben wir auf dem Campingplatz übernachtet und sind ein wenig gewandert, um die Füße zu vertreten. Ein Blick in die Kirche lohnt, dort steht die älteste – noch gespielte – Orgel Schwedens. Die 400 haben wir hier verlassen, um via Landstraße 391 auf die E 10 bei Överkalix zu kommen und Richtung Süden in besiedeltere Gegenden am Bottnischen Meerbusen vorzustoßen.

Nächste Station nach all der Einsamkeit: Die Sonnenstadt Lulea. Tatsächlich hat Lulea im Juli mit 300 bis 310 Stunden die meisten Sonnenscheinstunden Schwedens. Obwohl die Stadt in der Nähe des Polarkreises liegt (110 Kilometer dürfen in Schweden durchaus als Nähe gerechnet werden) ist es in Lulea im Jahresdurchschnitt nur 2 Grad kälter als im Südschwedischen Malmö. Stadtbummel, Hafen, Technikhuset – nach einigen Wochen Enthaltsamkeit baden wir im „Trubel" der Großstadt. Luleas Campingplatz „Arcus Fritid", direkt neben dem Eisenbahnmuseum von Karlvik gelegen, ist einer der schönsten Plätze Schwedens. Es lohnt sich, hier für einige Tage auszuspannen.

**Streckenlänge: ca. 500 km**

**Auskunft**

Kiruna Turistbyra
Box 113 – Folkets Hus
Lars Jonssonsgatan 17
S-981 22 Kiruna
Telefon: 0980-18880
Telefax: 0980-18286

Karesuando Turistbyra
Box 133
S-98016 Karesuando
Telefon: 0981-20205
Telefax: 0981-20381

Övertornea Turistbyra
Matarenergivägen 13
S-95731 Övertornea
Telefon: 0927-10535
Telefax: 0920-11166

**Übernachten**
Kiruna Camping
Radhusbyn Ripan
S-98122 Kiruna
Telefon: 0980-13100
(modern, sauber, zweckmäßig, aber nicht sehr idyllisch)

Camp RAISI
S-98016 Karesuando
Telefon: 0981-23128
(einfach und nett, im Sommer geöffnet)

Svarträvens Camping
S-95731 Övertornea
Telefon: 0927-10141
(ganzjährig geöffnet)

**Was lohnt sich besonders**
* LKAB und Besuch in der Grube
* Rathaus mit seinen Ausstellungen
* Hjalmar Lundbomsgarden (mit schönem Garten-Café)
* Esrange Weltraumbahnhof (Anmeldung für Führungen im Touristenbüro Kiruna)
* Heimatmuseum Jukkasjärvi
* Handwerkskollektiv Mattarahkka (Samifrauen)
* Ausflug via Nordkalottenstraße nach Abisko und Riksgränsen
* Sven Hörnell Atelier in Riksgränsen
* Boreale Tundra bei Karesuando
* Holzkirche von Pajala
* Alte Orgel in Övertornea

# Die Sonnenstadt Lulea

Orientierung in Lulea – kein Problem, denn eigentlich besteht die Stadt aus vielen verschiedenen kleinen Orten und ist im übrigen so weiträumig angelegt, dass man sich kaum verlieren kann. Auf der Nationalstraße 97 von Boden kommend fahren wir einfach geradeaus und lassen uns weder durch große Kreuzungen (an der ersten großen Kreuzung geht es rechts Richtung Karlsvik zum Campingplatz) noch durch Kreisverkehre ablenken. Wir lassen den Ortsteil Gammelstad links liegen, ebenso das Moorgebiet und Naturreservat Gammelstadsviken, das Industriegebiet Notviken und Skutviken, bis wir schließlich auf dem Bodenvägen fahren, der uns genau in die Innenstadt „Innerstaden" bringt. Am nördlichen Hafen „Norra Hamn" kann man das Wohnmobil recht gut stehen lassen und erst einmal zu Fuß weitergehen. Am Hafen, beim Lulea Energiverk, gibt es auch ein Touristenbüro, das allerdings nur im Sommer geöffnet ist. Einige Schritte weiter in der Radstugatan, parallel zur Kyrkegatan mit dem Dom von Lulea, finden wir das Stadthaus mit dem Touristenbüro und einer guten Selbstbedienungskantine. Ein Smörgasbröd kann auf keinen Fall schaden. In der Innenstadt sollten Sie sich auf jeden Fall das Norrbotten-Museum anschauen und einen Spaziergang durch den kleinen Stadtpark machen. Am Südhafen gibt es ein paar urige Kneipen mit Terrasse direkt am Wasser und Blick auf den Erzhafen und auf das Stahlwerk von Lulea. Diese beiden Industrieanlagen sind für den Wohlstand des heutigen Lulea verantwortlich – einer sonnigen Stadt mit etwa 70.000 Einwohnern. Das in den 40er Jahren errichtete Stahlwerk der SSAB (Svensk Stal AB) ist heute eines der modernsten in Europa – wer Lust auf einen Besuch verspürt, sollte sich im Touristenbüro nach Führungen und Öffnungszeiten erkundigen.

Die ursprüngliche Stadt lag eigentlich ganz woanders, einige Kilometer vom heutigen Stadtkern entfernt. Gammelstad, die alte mittelalterliche Stadt mit dem Kirchdörflein, der Kyrkstad, zeugt noch heute davon. Einen Besuch in der Kirche aus dem 15. Jahrhundert und einen Bummel durch die verträumten Gassen der alten Stadt lassen wir uns nicht entgehen. 30 Höfe und mehr als 450 Kirchhäuser stehen in Gammelstad. Wenn Sie sich auf das Kirchdorf konzentrieren wollen, sollten Sie von der Kirche aus den roten Pfeilen folgen. So kommen Sie in etwa einer Stunde wieder an den Ausgangsort zurück. Wer eine richtige Stadttour mit Museum und Gammelstadsviken machen will, folgt den blauen Pfeilen und kalkuliert einen guten halben Tag für die Runde ein. Neben der Altstadt lädt nämlich auch das Freilichtmuseum Hägnan zum Besuch ein, das ganze Jahr über gibt es dort große und kleine „Kulturfestivals": Mitte bis Ende Juni findet in Gammelstad das traditionelle Spielmannstreffen statt, in Hägnan wird der Mittsommer gefeiert, außerdem ein Heimattag Anfang Juli und die Malerwoche ebenfalls zu Beginn des Monats Juli. Das flache Moorgebiet Gammelstadsviken (die Bucht von Gammelstad) war früher ein Teil der Fahrrinne in den Hafen von Lulea. Als im Jahr 1649 die Stadt auf Geheiß und mit Dekret des Königs näher an die Küste verlegt wurde, um einen größeren und tieferen Hafen zur Verfügung zu haben, stellte man die Schifffahrt in der Bucht ein. Sie verlandete langsam und es bildete sich ein einzigartiges Biotop, das heute auf der Liste der UN-geschützten Moorgebiete steht. Mehr als 200 Vogelarten brüten dort.

Vom Freilichtmuseum Hägnan können wir auf einem interessanten Wanderweg einige Kilometer am Ufer des Gammelstadsviken entlanggehen: „Fran forntid till Framtid – Von der Vergangenheit in die Zukunft“, so nennt sich die Wanderung vom Museumsdorf Hägnan in das Technikdorf Aurorum, das sich rund um die Technische Hochschule Lulea und das Technikhuset gebildet hat. Hier finden sich kleine Firmenniederlassungen rund um Technik und Tüftelei, die auch von der Nachbarschaft der berühmten Technischen Hochschule Lulea profitieren. Wir machen einen Ausflug ins Technikhuset – für Familien mit Kindern ein absolutes Muss, für Leute jeder Altersstufe ohne Kinder ein dringend empfohlenes „Soll“ – ein Technikmuseum zum Anfassen und Selbermachen. Vom durchgesägten Volvo bis zum großen Rückeschlepper und der Bergwerksbohrmaschine ist alles vertreten, was technisch und spannend ist. Aber es steht nicht nur rum, sondern kann benutzt und ausprobiert werden. Der Forstschlepper z.B. steht zur Hälfte draußen, lediglich der Teil mit der Fahrerkabine steht im Inneren des Museums, eingefasst in die Glaswand. Im Außenbereich können

*Sonnenstadt Lulea – Büro des Hafenmeisters*

*Technikspielplatz für Groß und Klein – Technikhuset in Lulea*

nun mit dem Greifer Stämme aufgeladen werden – so wie im richtigen Leben. Gleiches gilt für viele andere Anlagen, so das Miniatur-Papierwerk, in dem wir uns ein kleines Blatt Büttenpapier hergestellt haben, oder die Kartonagefabrik, deren Karton noch heute meinen Schreibtisch ziert. Anlegemanöver am Erzkai – kein Problem, auch das kann probieren, wer sich durch Wohnmobilnavigation fit genug fühlt, auch einen Lastkahn zu dirigieren. Dazu ein wenig Staunen und Faszination – Nordlicht und Planetarium, Unterhaltung durchs ganze Museum via Parabolspiegel und und und – im Technikhuset beginnt zu spielen, wer seine Legos und Fischertechnik schon an die Enkelkinder weitergegeben hat.

Noch mehr Tips für Lulea? Technikfreaks machen noch eine Visite im Eisenbahnmuseum und in den alten Industrieruinen von Karlsvik. Die Stadt an der Mündung des Lule Flusses lohnt in jedem Fall einige Tage Aufenthalt, denn sie hat ungemein viel Charme – und eine der schönsten Schärenlandschaften Skandinaviens.

**Auskunft**

Turistbyra Lulea
Radstugatan 9
S-97185 Lulea
Telefon: 0920-293746
Telefax: 0920-294046

**Übernachten**
Arcus Fritid (ganzjährig geöffnet)
Karlsvik
S-97185 Lulea
Telefon: 0920-50060

**Was lohnt sich besonders**
* Lulea Gammelstad und das neue Lulea
* Technikhuset
* Naturschutzgebiet Gammelstadsviken

In Kiruna haben wir einige Berliner in einem Wohnmobil getroffen, die zu den sogenannten Nordkap-Rennfahrern gehören. Von Lulea, so haben sie uns erzählt, fahren sie in einem Schwung bis nach Trelleborg. Das charakterisiert ein wenig das Publikum, das wir auf der E 4 treffen. Wer stille Winkel sucht – und die gibt es auch

# Am Bottnischen Meerbusen südwärts

hier – der muss von der Rennstrecke runter. Die E 4 und mit ihr die gesamte Küste sind aber auch die industrielle Lebensader Schwedens, und deswegen hat ein großer Teil der Region viel von ihrem ursprünglichen Reiz verloren. Endlose Wälder sind nun mal schöner als Sägewerke und Papierfabriken. Die Industrien an der Ostküste Schwedens, auch das sollte nicht völlig vergessen werden, belasten das Ökosystem „Ostsee" ganz erheblich.

Das idyllische und pittoreske Bild Schwedens bekommt hier also eine andere Facette, nämlich die der Industrienation Schweden, und wer sich Elche, Wälder und Einsamkeit bewahren will, der sollte die Küstenstraße meiden.

Und trotzdem – die Höga Kusten weiter unten im Süden und andere Winkel am Bottnischen Meerbusen sind ein wenig wie Allgäu mit Meeresküste. Lassen Sie also einfach das Wohnmobil mal ein bisschen über die kurvigen

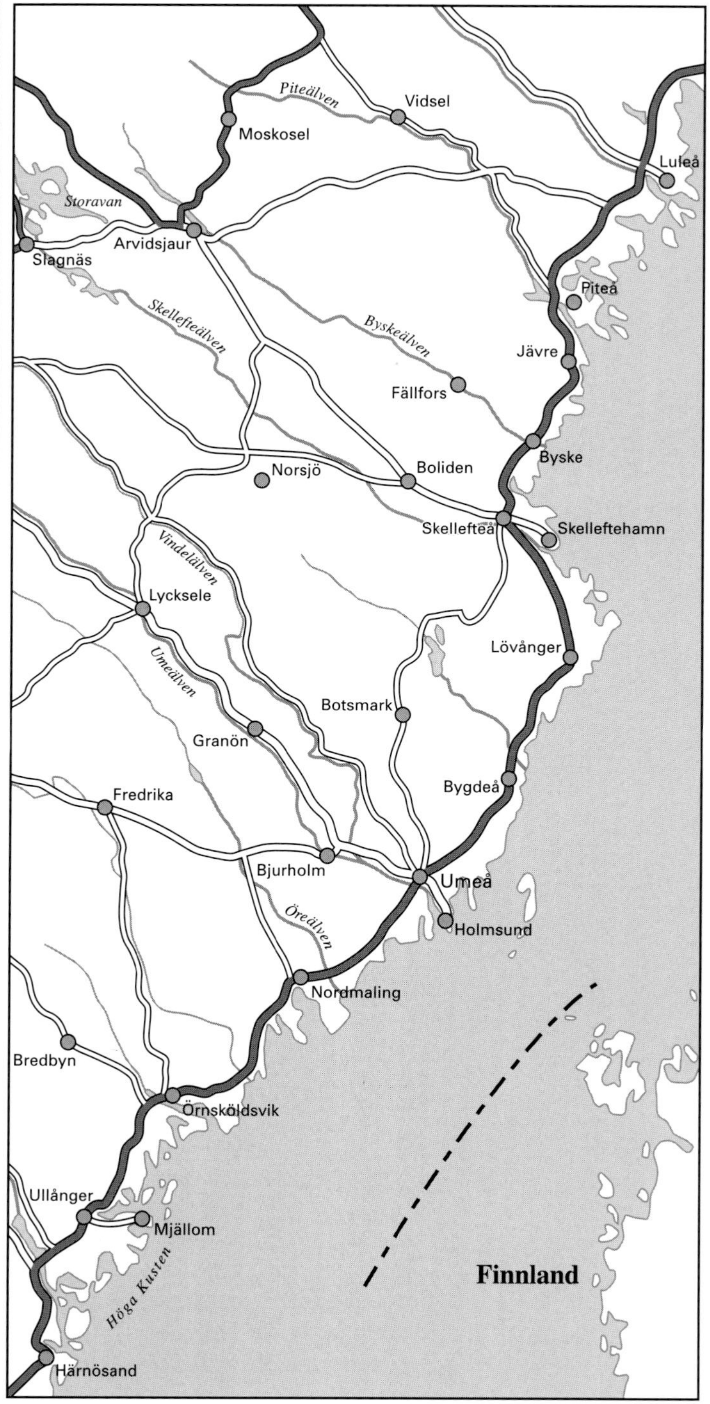

Küstensträßchen bummeln. Immer wieder laden schöne Fleckchen ein, anzuhalten, zu schauen und zu wandern.

**Hier geht's lang: Lulea - Pitea - Skelleftea - Umea - Örnsköldsvik - Mjällom**

Wir sind noch nicht in Eile, aber unwiderruflich auf dem Rückweg. Es geht Richtung Süden, und das ist auf der teilweise autobahnähnlichen E 4 am schnellsten zu bewerkstelligen. Nach dem Abschied von Lulea fahren wir zunächst auf der E 4 nach *Pitea*. In der Ortschaft *Öjebyn* steht eine sehenswerte mittelalterliche Steinkirche. Dort wurde im Jahr 1621 Pitea gegründet. Anfang Juli gibt es hier einen schönen Kirchenmarkt und im Anschluss daran die Pitea Festspiele mit Musik und Theater. Wer schon jetzt einen Abstecher ans Meer machen will, der fahre durch die Stadt Pitea etwa 8 Kilometer nach *Pite Havsbad*, einem in ganz Skandinavien berühmten Seebad. Weiter auf der E 4 vorbei an *Skelleftea*, wo der Silvervägen von Arjeplog und Arvidsjaur auf die Küstenstraße trifft. Die Eisenhütte *Robertsfors Bruk*, 80 Kilometer hinter Skelleftea, ist einen Besuch wert. 1759 stand hier der erste Hochofen, Industrie- und Sozialgeschichte sind im Werksmuseum gut und anschaulich aufgearbeitet. Liebhaber der Glaskunst können noch einen Abstecher in die Bruksforshütte machen – wir werden allerdings später im Glasreich noch einiges mehr sehen.

Nächster Stop in *Umea*. Im Oktober findet hier das internationale Jazzfestival Umea statt, im Februar gibt es ein Folkmusikfestival und im Juni ist die Kammermusik dran. Die Universitätsstadt hat viel Flair und eine ganze Menge zum Anschauen. So zum Beispiel Gammlia – verschiedene Museen, darunter das schwedische Skimuseum mit dem ältesten Ski der Welt. Der sogenannte Kalvträsk-Ski ist älter als die ägyptischen Pyramiden. Unterhaltsam ist auch ein Bummel durch den Vänortsparken, er ist Umeas Referenz an seine Partnerstädte. Also sind Parkbänke, Straßenlaternen, Schilder und Telefonzellen aus Petrozavosk in Russland, Würzburg, Vasa, Helsingör in Dänemark und Harstad in Norwegen

*Zweimal Uppsala – Universität und . . .*

*. . . alte Steinkirche in Gammla Uppsala*

hier im Park zu finden. Probieren Sie doch mal das Eis in der Kneipe „Oasen“ in der Kungsgatan unweit vom Renmarksplan – es soll das beste zwischen Stockholm und dem Polarkreis sein. Umea ist vor allem Ende Mai eine Reise wert, dann nämlich blühen die Birken, mit denen in der Stadt die Straßen gesäumt sind. Die E 4 führt nun nach *Hörnefors*, etwa 30 Kilometer von Umea. Hier ist eine alte Sägerei und Fabrik zum Industriedenkmal ausgebaut. Wenige Kilometer weiter befindet sich das lohnendere Objekt zum Anschauen: die alte Eisenhütte von *Olofsfors* mit dem einzigen wasserbetriebenen Eisenhammer Schwedens. Olofsfors ist von der (ebenfalls sehenswerten) Ortschaft *Nordmaling* ausgeschildert. In der Höhe von *Örnsköldsvik* (von den Einheimischen kurz Ö'vik genannt) beginnt einer der schönsten und unberührtesten Küstenabschnitte Nordschwedens, die sogenannte Hohe Küste oder „Höga Kusten“. In Sundbron verlassen wir die E 4 und fahren auf kleinen kurvigen Straßen via Rocksta und Nyland bis zur Küste nach *Mjällom* und in das wunderschöne Fischerdorf *Norrfällsviken*. Auf dem kleinen Campingplatz haben wir zwei Tage Pause gemacht, um ein wenig die Küste zu erkunden – es lohnt sich.

**Streckenlänge: ca. 400 km**

**Hier geht's lang: Mjällom – Härnösand – Sundsvall – Uppsala – Stockholm**

Bei *Gallsätter* fahren wir wieder auf die E 4 und gelangen über Härnösand nach Timra und Sundsvall. In *Härnösand* steht Schwedens kleinster Dom und das zweitgrößte Freilichtmuseum „Murberget“ – das ist doch auch was.

*Ruhe in Stein – Königsgräber in der Kathedrale von Uppsala*

*Unterwegs Richtung Süden*

*Sakraler Prunk – Blick in die Kuppel der Kathedrale*

Die Stadt *Timra* liegt im größten Küstendelta Schwedens, der Mündung des Indalsälven. *Sundsvall*, 20 Kilometer weiter südlich, ist eine der wichtigsten Hafenstädte des Nordens und Zentrum der Holz und Papierindustrie. Der Reichtum der Sägewerker lässt sich ermessen, wenn man die steinerne Innenstadt besucht – Stenstaden genannt. Nach einem Großbrand im Jahr 1888 errichteten die reichen Sägewerksbesitzer ihre neuen Häuser aus Stein. Im Hafenviertel ist vor allem das Kulturzentrum sehens- und besuchenswert. Von der Vorschule über Bi-

bliotheken bis hin zu verschiedenen Museen und einem Ahnenforschungsinstitut ist hier alles zu finden (auch ein Café). 1989 hat das Kulturhaus Sundsvall den Preis als bestes europäisches Museum erhalten. Da wir ja auch noch in Stockholm ankommen wollen, geben wir jetzt ein bisschen Gas – Hudiksvall (älteste Gemeinde Norrlands und eine der 12 Holzstädte Schwedens), Söderhamn, Gävle und dann geht's ins Inland Richtung *Uppsala*. Hier müssen wir anhalten und einmal das Flair einer alten schwedischen Universitätsstadt schnuppern. Rund 25.000 Studenten bestimmen den Alltag an der altehrwürdigen, 1477 von Erzbischof Jakob Ulvsson gegründeten Universität. Die evangelischen Erzbischöfe von Schweden residieren seit 1273 in Uppsala. Das Stadtzentrum rund um den 1435 geweihten Dom ist überschaubar und am besten „per pedes" zu besuchen. Am Ostende des Chors der hochgotischen Kirche ist das Grabmal Gustav Wasas. Lohnenswert ist natürlich die Universitätsbibliothek (etwa 400 Meter vom Dom entfernt) am Rand des Carolinenparks. Sie ist nicht nur die größte Bibliothek des Landes, sondern besitzt auch eine der bedeutendsten Handschriftensammlungen der Welt. Wer einen Blick auf den legendären Codex Argenteus werfen will, muss erst ein Samttuch anheben, das die Vitrine bedeckt und die Kostbarkeit vor zuviel Licht schützt. Auf 187 purpurnen Pergamentblättern ist die Evangelienübersetzung des Gotenbischofs Ulfilas mit Silber- und Goldbuchstaben aufgeschrieben. Experten datieren die Arbeit auf das 6. Jahrhundert. Auf dem Friedhof von Uppsala ist übrigens der ehemalige UNO-Generalsekretär Dag Ham-

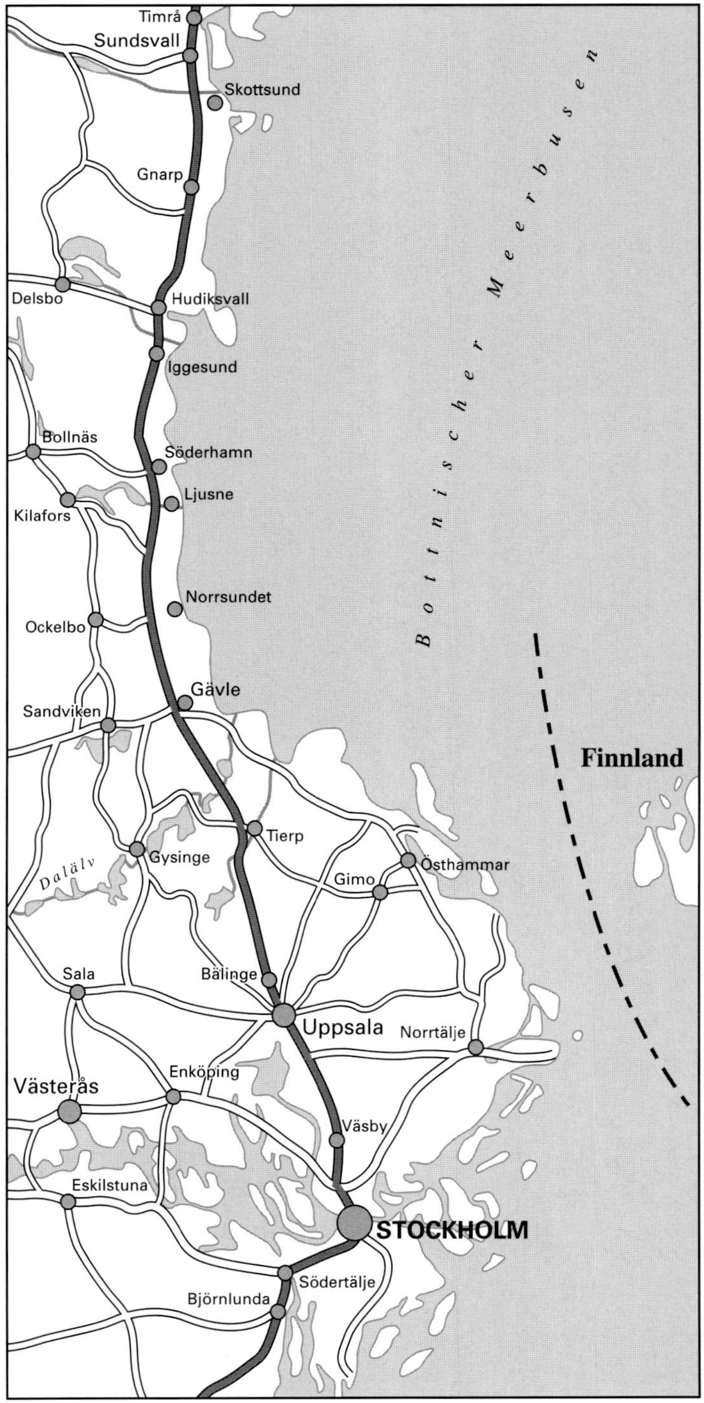

*Immer wieder laden Heimatmuseen zum Besuch ein*

marskjöld begraben. Wer einen großen Spaziergang machen will, der lasse sich nicht die heidnischen Königsgräber im 5 Kilometer nördlich von Uppsala liegenden Gammla Uppsala entgehen. Eigentlich war das einmal die Hauptstadt des Svea Rike, des Schweden-Reiches. Heute ist nur noch eine kleine Steinkirche als Rest der um das Jahr 1100 errichteten Domkirche erhalten. So ganz reibungslos hat es zwischen Klerus und weltlicher Macht nicht funktioniert, so dass die Könige schließlich Stockholm als Residenzstadt wählten, als die Erzbischöfe nach Uppsala kamen. Wenn es regnet, ist das Linné-Museum (ebenfalls im Stadtzentrum von Uppsala) ein lohnendes Ziel. Der Mediziner und Naturwissenschaftler Carl von Linné (1707–78) veröffentlichte mit 28 Jahren sein – noch heute gültiges – Linnésches System und begründete die botanische Fachsprache. Von Uppsala ist es dann nur noch ein 70-Kilometer-Katzensprung nach Stockholm – Hej, hej in Europas Kulturhauptstadt 1998.

**Streckenlänge: ca. 430 km**

**Auskunft**

Umea Turist och Kongress
Renmarkstorget 15
S-90326 Umea
Telefon: 090-161616
Telefax: 090-163423

Örnsköldsvik Turistbyra
Stora Torget
S-89100 Örnsköldsvik
Telefon: 0660-12537
Telefax: 0660-88123

**Übernachten**

Norrfällsvikens Camping
S-87031 Mjällom
Telefon: 0613-21382
(einfach und nett, im Sommer geöffnet)

**Was lohnt sich besonders**

* Die Eisenhütte Robertsfors Bruk
* Stadt- und Museumsbummel in Umea
* Umea Birkenblüte und Vänortsparken
* Eisenhütte von Olofsfors mit dem einzigen wasserbetriebenen Eisenhammer Schwedens
* Höga Kusten

# Entdeckungen in Stockholm

Die erste Begegnung mit Stockholm – Europas Kulturhauptstadt 1998 – verläuft ganz anders als erwartet. Nur noch wenig ist zu spüren von der Ruhe und Gelassenheit, die uns durch ganz Nordschweden begleitet und selbst der Großstadt Lulea ein gelassenes südländisches Flair gegeben hat. Plötzlich sind wir wieder in einer Metropole mit brandendem Verkehr, Lärm, breiten Straßen, gigantischen Kreuzungen – eine der größten Stockholmer Kreuzungen heißt nicht umsonst Slussen „Schleuse“ – und ... Verkehrsstaus. Doch wir wollen gar nicht mit dem Wohnmobil in die Stadt, sondern biegen vorher ab zum großen Stadtcampingplatz von Stockholm „Bredäng Camping“. Er ist schon von der E 4 ausgeschildert und leicht zu finden.

Über den Platz lässt sich nicht viel sagen, er ist riesig, gut organisiert, pieksauber und in der Nachsaison fast leer. Wer Schwedens Hauptstadt in Ruhe genießen will, sollte im September kommen, im Juli und August sind die 14 Inseln der Stadt an der Mündung des Mälarsees fest in Touristenhand, während die Stockholmer irgendwo anders Urlaub machen. In dieser Zeit ist es auch unbedingt ratsam, auf dem Stadtcampingplatz zu reservieren. Unbedingter Vorteil dieses Platzes: Nur etwa 600 Meter entfernt ist eine Haltestelle der U-Bahn – in Stockholm liebevoll Tunnelbahn genannt – und so kommen wir flott ins Stadtzentrum, ohne das Wohnmobil auch nur einen Zentimeter bewegen zu müssen. Außerdem ist es sicher abgestellt, denn die Gefahr von Einbruch und Diebstahl besteht wie in jeder Großstadt auch in Stockholm. Auch die Hochhäuser rund um Bredäng Camping gehören zu den sozialen Brennpunkten der Stadt, die wie viele andere europäische Städte mit Arbeitslosigkeit und Migration zu kämpfen hat. Einen Ausflug in die sozialen Realitäten Stockholms (und Schwedens) bieten die Kriminalromane des Autorenehepaars Maj Sjöwal und Peer Walöö – sie sind auch eine gute Reisevorbereitung und -ergänzung.

Wir werfen uns ins Getümmel der Großstadt – und das tun wir am besten mit der Stockholmkarte: Unbegrenztes U-Bahn- und Bus-Fahren im Groß-

raum Stockholm, freie Busfahrten mit der Touristenlinie, freie Sightseeing Bootsrundfahrten und freier Eintritt in fast 100 Sehenswürdigkeiten sowie ein ganzes Paket an Ermäßigungen machen die Karte zu einem echten Schnäppchen. Bei unserem Besuch hat sie für einen Erwachsenen sowie zwei Kinder unter 18 Jahren 185,– SEK/Tag (24 Stunden – d.h. nachmittags gekauft gilt sie bis zum folgenden Nachmittag) gekostet. Rechnen Sie mal ein bisschen, für Besichtigungs- und Museumstage lohnt sich die Ausgabe fast immer und ein Blick auf den Stadtplan macht auch deutlich, dass die Entfernungen innerhalb der Stadt nicht zu unterschätzen sind. Die Tunnelbahn in Stockholm ist gleichzeitig der Welt größte Kunst-Galerie. Ein Großteil der Bahnhöfe ist als „Gesamtkunstwerk" gestaltet – das soll, so war auch das Konzept der Planer, Harmonien erzeugen und Aggressionen abbauen – ob es funktioniert, mag niemand so recht sagen, schließlich sind die U-Bahnen aller großen Metropolen (unter denen Stockholm eine kleine ist) ein unsicheres Pflaster und die schwedische Hauptstadt macht da nicht unbedingt eine Ausnahme.

### Stockholm ist anders als Venedig

*Stockholm – Venedig des Nordens*

Diesen Satz habe ich aus einem Zeitungsartikel, den ich als Schnipsel in meinem Stockholm-Merian gefunden habe. Er muss wohl aus den 60er oder 70er Jahren stammen wie das Merian-Heft aus dem Antiquariat: „Stockholm ist nicht auf trügerischem Lagunenboden errichtet", heißt es dort, „sondern

*Vergnügungspark mit großer Geschichte – Tivoli Grönalund*

auf Dutzenden von Granitbuckeln, die hier so nahe beieinander stehen, dass der dahinterliegende Mälar, eigentlich ein Fjord, fast wie ein abgeschlossener See wirkt und als solcher auch geographisch eingeordnet ist. Stockholm ist kein nordisches Venedig, sondern allenfalls ein Kontrapunkt zur Stadt des Markuslöwen."

Natürlich ist Stockholm eine Inselstadt zwischen Mälarsee und Meer, doch venezianische Atmosphäre werden Sie hier vergeblich suchen. Schauen Sie mal ins Kulturhuset am Sergels Torg – das ist multikulturelles Spektakel zwischen Buch und Theater. Apropos Theater, Stockholm hat mehr als 70 Bühnen und ein Theaterabend im Land der Elche hat durchaus seine Reize.

Stockholm ist eine Stadt der langen Wege, vieler Brücken und großer weiträumiger Parks und Grünanlagen. Den besten Überblick verschafft man sich mit einer Rundfahrt, das schont die Füße und gibt erste Eindrücke. Bei einer 14-Insel-Stadt liegt es nahe, dafür ein Boot zu nehmen. Das haben wir an unserem ersten Stockholm-Tag dann auch gemacht. Mit der Tunnel-Bahn fahren wir bis zum Sergels-Torg, lassen das Kulturhaus zu unserer Rechten liegen und steuern schnurstracks die Hamngatan an: Hausnummer 27 auf der rechten Seite ist das Sverigehuset. Hier finden wir nicht nur alle nötigen Stadtinformationen, sondern auch noch verschiedene Läden – darunter eine sehr empfehlenswerte internationale Buchhandlung – und das SI, das Schweden Institut, dessen Informationsmaterialien über Land und Leute auch für die Arbeit an diesem Buch eine große Hilfe waren. Nicht zu ver-

gessen ist der Excursion Shop im Sverigehuset, der auch Arrangements für Tagestouren durch die Schären oder zum Schloss Drottningholm oder Schloss Gripsholm anbietet.
Zwei Schiffstouren – „Rund um Djurgarden“ und „Historisches Stockholm“ sind mit der Stockholmkarte gratis. Zur Anlegestelle für die „Djurgarden“-Rundfahrt ist es nur ein 5-Minuten-Fußweg. Wir gehen durch den Kungsträdgarden – er beginnt direkt am Schwedenhaus – bis zur Uferstraße Strömgatan oder der Brücke Strömbron und wenden uns dann nach links, um am Ufer bis zum Nationalmuseum zu gehen, das wir jetzt schon vor uns liegen sehen. Direkt vor dem Nationalmuseum und der Brücke auf die Insel Skeppsholmen ist der Strömkajen, wo die Rundfahrtboote abfahren. Für eine Stippvisite auf der Insel Skeppsholmem sollten Sie sich das Ostasiatische Museum vornehmen. Neben zeitgenössischer chinesischer, japanischer, koreanischer und indischer Kunst werden Antiquitäten aus dem ostasiatischen Raum präsentiert und die berühmte Chinasammlung König Gustavs VI. Adolf. Sie enthält Objekte aus Bronze, Keramik, Elfenbein, Jade und Horn vom Nashorn.
Wir aber lehnen uns erst einmal zurück und lassen vom Boot aus die malerische Kulisse Stockholms an uns vorbeiziehen. Dem Schiffskai direkt gegenüber liegt das königliche Schloss am Rande der Altstadt Gamla Stan. Die Schatzkammer mit den sogenannten Reichskleinodien und die Leibrüstkammer mit Prachtkarossen, Gewändern und Waffen des Hofes sind fast ein Muss für eine spätere Schlossbesichtigung, sogar das Pferd „Streiff“ des Königs Gustav II. Adolf steht in der Rüstkammer – ausgestopft allerdings, seinen Liveauftritt hatte es 1632 in der Schlacht bei Lützen. Von den insgesamt 600 Zimmern sind zum Glück nur einige Repräsentationsräume zu besichtigen.

Und natürlich sehen wir vom Boot aus das Vasamuseum – extra gebaut für das 1961 geborgene Wrack des Regalschiffs Vasa, das 1628 auf seiner Jungfernfahrt kenterte und sank. So lag der Stolz der schwedischen Kriegsflotte mehr als 300 Jahre auf dem Meeresgrund und aus seinen Kanonen wurde nicht ein einziger Schuss abgegeben.
Während wir langsam durch den Djurgardsbrunnsviken gleiten, vorbei am Nobelpark, dem Fernseh- und Radiohaus, dem noblen Botschaftsviertel und schließlich dem Museumskomplex mit Technorama, Telemuseum und Technischem Museum, erzählt der Stadtführer und Bootskapitän einiges über die Stadt zwischen Mälarsee und Ostsee. Das Wasser ist so sauber, dass mitten in der Stadt Lachse gefangen werden können und ein wenig außerhalb vom Stadtzentrum sogar problemlos gebadet werden kann. Im Stadtteil Djurgarden – seinen Besuch haben wir uns für den zweiten Stockholmtag vorgenommen – liegt neben dem Vasamuseum auch noch das kulturhistorische Nordiska museet, das biologische Museum, das Aquaria-Wassermuseum, das Tabakmuseum, der Zirkus und natürlich Skansen, das älteste Freilichtmuseum der Welt, sowie der Vergnügungspark Gröna Lunds Tivoli. Sie sehen, aus dem eintägigen Besuch in Djurgarden werden leicht drei Tage.
Am Ende der gut 60-minütigen Bootsfahrt gibt es noch einen interessanten

Tip: Das ehemalige Segelschulschiff „Af Chapman", das vor Skeppsholmen am Kai liegt, dient im Sommer als Jugendherberge.

Wieder zurück am Strömkajen, entschließen wir uns, für heute noch einen Bummel durch die Altstadt Gamla Stan zu machen. In den kleinen Gässchen mit vielen Läden und Restaurants findet sich auch etwas für den Hunger, der sich inzwischen eingestellt hat. Stockholm zählt übrigens mit 700 Restaurants zu den restaurantreichsten Städten der Welt.

Über die Strömbrön laufen wir genau auf das Schloss zu. Natürlich sollten wir da erst mal ein wenig neugierig sein, die malerischen Wachen anschauen und ein bisschen Monarchie schnuppern. Eine imposante Perspektive bietet sich vom Schlosskai „Slotskajen". Zu unserer Linken das Schloss als Wahrzeichen der Monarchie und auf der rechten Seite macht sich die Republik bemerkbar – mit dem Riksdagshuset. Am Mynttorget stoßen wir auf das Abgeordnetenhaus „Riksdagens Ledamotshus". Wir setzen unseren Bummel in der Västerlanggatan fort – sie ist eine der engsten Straßen der Insel und eine der Haupteinkaufsstraßen. Hier kommen wir fast direkt an der Tyska Kyrkan oder der St-Gertrud-Kirche vorbei, Wahrzeichen der ältesten deutschen Gemeinde im Ausland. Am Ende dieser westlichen langen Straße kommen wir auf den Järntorget und laufen auf der östlichen langen Straße Österlanggatan – ebenfalls Einkaufsstraße – weiter, bis wir wieder am Schloss ankommen. Und weil wir für heute noch nicht so ganz erschöpft sind, lassen wir den Tag mit einem Besuch im Stadthaus „Stadshuset" ausklingen. Es ist nicht nur das Wahrzei-

*Arkaden des Stadthauses*

chen Stockholms, sondern auch politisches Zentrum der Stadt. Wir überqueren noch einmal die Strömbrön, um dann links, an der Oper vorbei, über den Gustav Adolfs Torg die Strömgatan immer am Ufer entlangzubummeln, bis wir unter der Zentralbrücke hindurch, auf der jetzt der Feierabendstau steht, zur Stadthausbrücke kommen. Hier liegt das Stadshuset vor uns – sein Turm trägt in 108 Metern Höhe die drei vergoldeten Kronen des schwedischen Wappens. Wer auf den Turm steigen möchte, sollte vor 16.30 Uhr da sein – er wird überpünktlich abgeschlossen. Von 1911 bis 1923 hat Ragnar Östberg an dem Gebäude gearbeitet, mehr als 8 Millionen Ziegelsteine und bald 20 Millionen vergoldete Mosaiksteinchen wurden in einem der teuersten Gebäude des 20. Jahrhunderts verbaut. Die Führung durch den Goldenen Saal oder die Blaue Halle – hier findet das jährliche Nobelbankett statt – sollten Sie mitmachen. Wir hingegen setzen uns auf eine der Bänke im Garten des Stadthauses und lassen den ersten Stockholmtag mit einem Blick über den Riddarfjärden ausklingen. Eines zumindest können wir jetzt schon sicher sagen – Stockholm ist in der Tat eine der schönsten Städte der Welt.

**Museumstour**

„Als das Schiff die Bucht bei Tegelviken erreichte, kam etwas mehr Wind in die Segel und bald begann es stark leewärts zu krängen, richtete sich aber wieder auf, bis es sich vor Beckholmen ganz auf die Seite legte und Wasser in die Kanonenpforten eindrang, so dass es langsam versank, mit gehissten Segeln, Flaggen und allem.“ Das schrieb der schwedische Reichsrat am 10. August 1628 in einem Brief an seinen König. Direkt nach dem Unglück war der Kapitän des Schiffs, der gebürtige Däne Söfring Hansson, festgesetzt und verhört worden. Niemand habe einen Fehler gemacht, beteuerte er immer wieder, die Kanonen verzurrt und keiner aus der Mannschaft betrunken – schließlich war es ein Sonntag, den man für die Jungfernfahrt ausgesucht hatte und seine Männer hätten das heilige Abendmahl genommen. Das also war die glorreiche Geschichte des Re-

*Unglück im Hafenbecken – der Untergang der Vasa*

*Das Stockholmer Nationalmuseum*

galschiffs Vasa, die einmal der Stolz der schwedischen Kriegsflotte sein sollte. 64 schwere Kanonen, über 50 Meter hohe Masten – drei Jahre lang hatten die Schiffbauer nach den Plänen des Holländers Henrik Hybertsson über 1000 Eichenstämme verbaut. Die Vasa war ein rankes Schiff geworden – und sie segelte genau 1300 Meter, bis sie vor den Augen der entsetzten Stockholmer kenterte und sank und dabei gut 50 Menschen mit in den nassen Tod zog.

Heute ist unser Museumstag und wir beginnen natürlich mit der größten Sensation, dem Vasamuseet, das wie ein Zelt über das Trockendock des alten Schlachtschiffs gebaut ist. Vom Campingplatz fahren wir mit der Tunnelbahn (rote Linie) bis zur Station „Slussen“ und steigen dort in den Bus der Touristlinjen um, der direkt vor dem Museum hält. Filme, Diaschauen, Computeranimationen – das Vasamuseum hält auf 6 Etagen einiges an Spannendem und Wissenswertem rund um die Seefahrt bereit. Außerdem natürlich – im Zentrum des Gebäudes durch alle Etagen ragend – die 1961 geborgene Vasa. Sie war bei ihrer Bergung so gut in Schuss, dass sie sich von ganz allein über Wasser hielt. Diesen guten Zustand nach 333 Jahren unter Wasser verdankt sie einer besonderen Eigenschaft des Ostsee-Brackwassers. Es konserviert das Holz, außerdem gibt es hier keinen Schiffswurm – ein kleiner Parasit, der in salzigem Gewässer in kurzer Zeit alles Holz zerfrisst. Als der Schwede Anders Franzen die Vasa 1961 hob, ging eine 4-jährige Vorbereitungs- und Präparationsarbeit unter Wasser zu Ende und es begann eine 17 Jahre dauernde Konservierungsarbeit und zugleich das größte Puzzlespiel der Welt mit fast 14 000 Teilen.
Im Prozess gegen den Kapitän wurde übrigens nie ein Urteil gesprochen, denn so nach und nach stellte sich heraus, dass bis in die oberste Admiralität bekannt war, dass die Vasa Stabilitätsprobleme haben würde. Nur traute sich niemand, es dem König zu sagen – also ließ man die Vasa in ihr Unglück fahren. Das Museum ist wirklich ein einmaliges Erlebnis.

Wenn wir schon mal dabei sind, machen wir mit dem nassen Element weiter – nur wenige 100 Meter vom Vasamuseum entfernt hat das Aquaria Wassermuseum seine Tore geöffnet. Schwülfeuchte Luft empfängt uns und lässt Brillenträger erst mal hilflos im Dunkeln stehen. Nein, es ist wirklich stockdunkel – aber jetzt, da hinten beginnt langsam der Tag zu leuchten. Vogelgezwitscher setzt ein, Frösche quaken, da zuckt ein erster Blitz über den Himmel und nur Sekunden später öffnen sich alle Schleusen und ein tropischer Regenschauer ergießt sich über unsere Köpfe. Gottseidank stehen wir in einer kleinen Schilfhütte und bleiben trocken. Auf schwankenden Stegen geht es weiter hinein in den Miniaturregenwald, bis der Abend Menschen und Tiere in sein Dunkel hüllt – 10 Minuten hat das alles gedauert, vielleicht auch eine Viertelstunde, trotzdem war es wie auf einer Expedition, ein jeder lauschte gespannt, starrte angestrengt in den Miniaturtropenfluss mit seinen Piranhas und in das Lianengestrüpp des Regenwaldes mit seinem Getier. Alles ist echt und mit unendlich viel Liebe von einem Privatmann zusammengebaut, der einfach mal ein Wassermuseum auf die Beine stellen wollte. Motto: Wasser ist Leben. Nach dem Regenwald folgen Terrarien und Aquarien mit Viechern in allen Farben – oft gilt, je bunter desto giftiger. Seine größte Abteilung aber ist auch sein größtes Experiment. „Vom Fjäll zum Meer" heißt sie und der Museumsfluss vom Fjäll fließt im Außenbereich des Museums geradewegs in die Ostsee. Im Fluss leben Lachse, aufgezogen im Museum – eine Lachstreppe erlaubt das Ein- und Ausschwimmen in die Ostsee. „Wenn alles gut geht", so der Besitzer, „müssten die Lachse zum Laichen wieder in den Museumsfluss kommen."

Wenn Sie noch genügend Puste haben, dann besuchen Sie mit uns noch das Freilichtmuseum Skansen. Es gehört zu den größten Attraktionen Stockholms und ist wohl das älteste Freilichtmuseum der Welt mit heute mehr als 150 Gebäuden. Als es 1891 gegründet wurde, waren es rund 20 Häuser, die Artur Hazelius vor der Zerstörung durch zunehmende Industrialisierung retten wollte. Jetzt ist Skansen ein Museum mit städtischen Gebäuden, Bergmannshöfen, Bauernhöfen, Lappenlagern und einem zoologischen Garten, aber auch mit einem Restaurant, das uns zu einer Pause einlädt. Was tun wir heute noch – alles, nur nicht mehr laufen. Also kein Gröna Lund Tivoli Vergnügungspark, ich schaue sehnsüchtig nach dem Tabaksmuseum und auch das nordische Museum wartet noch auf uns. Wir machen einen Abstecher zur Globen Arena – erst mit dem Touristenbus bis Slussen und dann in die grüne Linie nach Hagsätra bis zur Haltestelle Globen. Warum fahren wir hin? Die Globen Arena ist der größte Rundkuppelbau der Welt – das musste im Programm sein.

Für heute reicht's – wer noch ein wenig ausspannen will, aber das Wohnmobilbett noch nicht herbeisehnt, der mache doch mit den Rundfahrtbooten noch eine Dämmertour. Zwei Stunden unter den Stockholmer Brücken – Abfahrt 20.00 Uhr am Strömkajen.

Ganz zum Schluss dieses Tages noch ein paar Tips für morgen: Wenn Sie ein wenig ausspannen wollen, dann machen Sie nochmal eine Bootsfahrt. Was halten Sie von einer großen Schärenrundfahrt? Stockholm vorgelagert sind nämlich rund 24.000 größere und kleinere Inseln – teilweise bewohnt, teilweise gerade mal 4 Quadratmeter groß, einige grün und bewachsen, andere wiederum nackter, kahler Felsen. Viele Stockholmer haben hier draußen eine Stuga, ein Ferienhäuschen – und was auf dem Land mit Fahrrad, Motorrad oder Auto bewältigt wird, passiert in der Schärenwelt per Boot. Deswegen ist ein ständiges Gewusel von Schiffen und Schiffchen zu beobachten und verlangt von den Kapitänen der großen Schiffe – Fähren und Handelsschiffe – ungeheure Aufmerksamkeit. Besonders eindrucksvoll, aber nur für Geübte zu empfehlen, ist eine Kajaktour durch die Schären – Infos dazu gibt es im Svärigehuset. Gemütlich ist es auf der MS Ostana, einem 1906 gebauten Dampfer, der zwischen Juni und August durch die Schären kreuzt. Abfahrt täglich um 15.00 Uhr vom Nybroplan – Rückkehr gegen 18.00 Uhr. Restaurant und Cafeteria an Bord sorgen für Ihr leibliches Wohl – lassen Sie die Seele baumeln.

Wer schon etwas früher starten möchte, dem empfehle ich den Ausflug nach Drottningholm, dem Schloss, in

welchem das schwedische Königspaar heute wohnt. Die MS Carl Philip – bald 100 Jahre alt – fährt um 13.00 Uhr an der Stadshusbron ab. Die Tour mit höchstens 20 Teilnehmern wird von einem Stadtführer begleitet, der Ihnen alles verrät, was Sie wissen wollen und meist noch ein wenig mehr. Auch auf diesem Schiff ist ein Restaurant, so dass Sie keinen Hunger leiden müssen. Gegen 17.00 Uhr sind Sie wieder in Stockholm und können sich in das Nachtleben der vielen kleinen Kneipen von Gamla Stan stürzen.
Der letzte Tip für diesen Tag – ein ganztägiger Ausflug zum Schloss Gripsholm und in die malerische Kleinstadt Mariefred, um ein bisschen auf den Spuren von Tucholsky zu wandern. Schloss Gripsholm hat viele Funktionen gehabt, seit es 1544 fertiggestellt wurde. Es war sowohl Sitz als auch Gefängnis der schwedischen Könige. Mehr als die Hälfte der Räume im Innern – mit 102 Zimmern kein sozialer Wohnungsbau – können heute besichtigt werden. Außerdem gibt es im Schloss eine der größten Portraitsammlungen Europas zu sehen – fast 3000 VIP's auf Leinwand. Wenn wir mit dem Schiff von Stockholm kommen, brauchen wir etwa 3 Stunden Fahrzeit bis Mariefred – die ebenfalls zwischen der Hauptstadt und Mariefred verkehrende Museumsbahn Östra Södermannlands Järnveg braucht 40 Minuten. Im Sommer 1929 wohnte Kurt Tucholsky in dem 3000 Seelen Städtchen und fand den Stoff für seine Erzählung „Schloss Gripsholm". Auch Tucholskys Grab können Sie dort in Mariefred besuchen.

*Kleines Café in Gamla Stan*

All diese Touren buchen Sie am einfachsten über den Excursion Shop im Schweden-Haus.

Ich möchte Stockholm nicht verlassen, ohne Ihnen die Haupteinkaufsstraßen genannt zu haben. Als nicht zu langes Wegstück ist es leicht zu erwandern. Vom Schwedenhaus gehen wir die Hamngatan weiter bis zum Nybro Plan. Dort wenden wir uns nach links, laufen die Birger Jarlsgatan hinauf bis zur Kungsgatan und die bis zur Drottninggatan. Von dort stoßen wir wieder auf die Hamngatan. In diesem Wegstück finden Sie auch alle großen und wichtigen Kaufhäuser – viel Spaß beim Shopping mit Elch.

*Pause unter den Arkaden des Stadthauses*

**Auskunft**

Stockholm Information Service
Box 7542
S-10393 Stockholm
Telefon: 08-7892400
Telefax: 08-7892450

Touristenbüros finden sich außerdem im Sverigehuset in der Hamngatan 27 (hier auch der Excursion Shop), im Kaknästornet, im Stadshuset und in den Arlanda Terminals 2,4 und 5.

An der E 4 in Huddinge gibt es ein „Drive in-tourisbyra“ – Info Stop Stockholm Kungens Kurva.
Informationen im Internet zum Thema „Kulturhauptstadt 1998“ findet man unter:
http://www.kultur98.stockholm.se

**Übernachten**
Bredängs Camping
S-12731 Stockhol-Skärholmen
Telefon: 08-977071
(ganzjährig geöffnet)

Seit kurzem gibt es auf Längholmen im südlichen Stadtbereich außerdem während des Sommers einen Citystellplatz für ca. 50 Wohnmobile. Das Gelände liegt direkt am Wasser mit Blick auf das Stadshuset. Der Preis entspricht etwa dem Preis auf einem Campingplatz.

**Was lohnt sich besonders**
* Unbedingt zur Orientierung eine Bootsrundfahrt machen
* Stockholms Altstadt „Gamla Stan“ mit deutscher Kirche
* Skansen, das älteste Freilichtmuseum der Welt
* Aquaria Wassermuseum
* Natürlich das Vasamuseum
* Globen Arena und Gröna Lund Tivoli
* Stadshuset
* Königliches Schloss
* Schloss Drottningholm
* Tour nach Mariefred und zu Schloss Gripsholm

# Unterwegs im Glasreich

Schwedens warmer Süden könnte man dieses letzte Kapitel über eine der beliebtesten Regionen Schwedens auch nennen. Für mich hat das einen doppelten Sinn – zum einen ist der Sommer hier wirklich sehr warm, zum anderen zeigen die Menschen in dem, was sie tun und wie sie sich geben eine besondere Wärme und Zugewandtheit. Das Glasreich mit seinen zahlreichen Künstlerinnen und Künstlern tut das seinige dazu.

**Hier geht's lang: Stockholm – Södertälje – Norrköping – Linköping – Jönköping – Vimmerby – Växjö**

Quasi unsere letzte Etappe und es gibt noch einmal eine bunte Mischung aus Kunst und Kultur, Altem und Neuem – wir verlassen Stockholm zunächst wieder via Autobahn E 4 und fahren über *Södertälje* bis *Ytterjärna*. Diesmal ist es kein Freilichtmuseum, sondern eine wunderschöne anthroposophische Siedlung mit Theater (Kulturhuset), die wir besuchen. Es gibt dort eine Menge zu schauen – einen reizvollen botanischen Lehrgarten zum Spazierengehen – und vor allem einen Dorfladen mit viel Kunsthandwerk und ein makrobiotisches Café. Gut gestärkt geht's weiter Richtung Inland – die E 4 führt über *Nyköping* und *Norrköping* nach *Linköping*. Hier sollte man unbedingt anhalten und wer noch Ferienzeit zur Verfügung hat, der mache zumindest einen Tag Pause, um viel Zeit für Gamla Linköping zu haben, die quicklebendige Museumsaltstadt. Neben vielen Kunsthandwerkern, einem alten Landhandel, der Post und anderen Sehenswürdigkeiten gibt es dort eine Schokoladenmanufaktur, die zu meinen Lieblingsadressen in Schweden zählt. Wie üblich in Schweden kann man alles besuchen, den Menschen über die Schulter schauen und das Einkaufen in Museumsläden macht immer Spaß. Einen Besuch wert ist auch der Dom mit seinem sehr modernen Altarbild des auferstandenen Christus.

Ein bisschen ins Grüne, bevor es wieder weitergeht? Ganz in der Nähe von Linköping ist eine gewaltige Schleusentreppe des Götakanals zu bewundern. Dazu fahren wir am besten auf der 36 Richtung Norden und folgen

*Ein Hölzchen verändert die Welt – Sicherheitszündhölzer der Svenska Tändsticks AB*

dann der Wegweisung „Bergs Slussar". Über *Mjölby* kommen wir an die Weggabelung von *Ödeshog* – Richtung Norden folgt die Landesstraße 50 dem Ufer des Vätternsees nach Norden, wir bleiben auf der E 4 und fahren via Gränna (auch eine der schwedischen Holzstädte) nach *Jönköping*. Dort bleiben wir, um ein ganz besonderes Museum anzuschauen, das „Tändsticksmuseet" – lassen Sie uns also zunächst einiges über Jönköping und das Streichholzmuseum erzählen.

Es gibt heute nur noch zwei Zündholzfabriken in Schweden – Tidaholm und Vetlanda. In Jönköping wurde 1971 die Zündholzherstellung eingestellt. Der legendäre Konzern STAB – Svenska Tändsticks AB wird von Stockholm und Genf geleitet. 20 Prozent des Weltbedarfs an Zündhölzern wird noch heute in Schweden produziert – 1,8 Milliarden Streichhölzer sind das. Eine ganz normale Espe liefert etwa 1,5 Millionen Zündhölzer. Das Gebäude des Zündholzmuseums ist die erste Fabrik der Gebrüder Carl und Johan Lundström. 1855 errangen die beiden Brüder auf der Pariser Weltausstellung einen Preis für ihre Sicherheitsstreichhölzer und von dem Zeitpunkt an war Linköping die Zündholzmetropole der Welt.

Das Streichholzmuseum lege ich ihnen aus verschiedenen Gründen ans Herz – der wichtigste vorneweg: Ich habe selten ein sozial- und arbeitsgeschichtliches Museum besucht, das besser illustriert und aufgebaut war als das „Tändsticksmuset". Ein weiterer Grund aber liegt in der seltenen Faszination, die das kleine Hölzchen bei Groß und Klein auslösen kann. Allein die Etiketten – begehrte Sammelob-

*Ständiges Auf und Ab - Schleusentreppe am Götakanal*

jekte wie Briefmarken - füllen einen Teil des Ausstellungsraumes. Mehr als 9000 verschiedene Exportetiketten wurden im Laufe der Zeit in Schweden gedruckt, namhafte Künstler haben Streichholzschachteln entworfen.
Als Endstation dieser Etappe haben wir *Växjö* gewählt - die Hauptstadt des Glasreiches, jener Region in Schweden, die mit Namen wie Kosta und Boda, Bergdala, Orrefors, Sandvik und vielen anderen die schwedische Glaskunst weltberühmt gemacht hat. Wir erreichen Växjö auf der Landesstraße 30, die etwas südlich von Jönköping von der E 4 abgeht.

In Jönköping bekommen nach einem Blick auf die Karte nicht nur Kinder plötzlich glänzende Augen - und kaum ein Erwachsener würde seine Sprösslinge hier beim Stichwort „Pippi" streng zur Wohnmobiltoilette verweisen. Schließlich sind wohl die meisten mit ihr groß geworden: Pippilotta Viktualia Rollgardina Pfefferminz Efraimstochter Langstrumpf - die junge Dame wohnt in der Villa Kunterbunt zusammen mit Herrn Nilsson und ihrem Pferd, und diese Villa steht in *Vimmerby*, dem Heimatort der wohl berühmtesten Kinderbuchautorin der Welt - Astrid Lindgren. Dort liegt die Astrid Lindgrens Värld, ein Vergnügungspark, in dem sämtliche Schauplätze ihrer Bücher im Maßstab 1:3 nachgebaut wurden. Von Lottas Krachmacherstraße bis zur Villa Kunterbunt steht hier alles im Kindermaß, so dass sich Erwachsene mitunter etwas ausgeschlossen fühlen - und das sollen sie auch, denn auch alle Animationen, Filmvorführungen und Theaterspielereien sind für das junge Publikum gedacht und gemacht.

Von Jönköping auf der Landesstraße 33 über Nässjö, Eksjö und Mariannelund geht's nach Vimmerby. Wer einen wirklichen Astrid-Lindgren-Schauplatz besuchen will, der biege kurz hinter Mariannelund links nach *Rumskulla* ab, hier wurde „Michel aus Löneberga" verfilmt.

Weiter nach Växjö geht es über die 34 nach *Hultsfred* (noch ein Originalschauplatz der Lindgren-Geschichten) und *Malitta*, von da auf der 138 über Virserum nach Massamala und weiter auf der 23 bis Växjö. Die Kinder träumen noch von Pippi Langstrumpfs Abenteuer und wir können einige interessante Tage im Glasreich verbringen.
Als Campingplatz ist *Lessebo* zu empfehlen - außerdem können wir dort eine alte Papiermanufaktur besichtigen und fantastisches (handgeschöpftes) Büttenpapier kaufen. Das ist ein ganz besonderes Mitbringsel für Leute, die gerne schöne Briefe schreiben.
**Streckenlänge: ca. 450 km**

**Unterwegs im Glasreich**

Ein weiteres Ziel in Südschweden also, das ich Ihnen wärmstens ans Herz lege – es ist das im Jahr 1742 mit der Gründung der Glashütte von Kosta entstandene Glasreich. Zwischen Växjö und Kalmar finden Sie auf 20 Quadratkilometern so ziemlich alles an Glaskunst, was auf der Welt Rang und Namen hat. Sie müssen stöbern und suchen, das ist die beste Art. Wie in Schweden üblich, können Sie überall hereinschauen und den Glasbläsern bei ihrer Arbeit zusehen. Zum Besuchen hat mir die Glashütte Bergala mit ihrem riesigen Rundofen am besten gefallen. Dort wird ein sehr schönes und schlichtes transparentes Glas geblasen, das eine tiefblaue Bordüre hat. Die Preise für das Glas sind in den Fabrikshops um ein vielfaches billiger als in jedem Laden außerhalb Schwedens oder sogar des Glasreiches. Wenn Sie von Växjö die 25 über Hovmantorp, Lessebo, Eriksmala nach Nybro fahren und von dort die 31 nach Länhoyda, haben Sie die bedeutendsten Hütten gesehen. Sie liegen alle ein wenig abseits der Straße, sind aber so deutlich ausgeschildert, dass man sie nicht verfehlen kann. Direkt nach Hovmantorp kommen Sie zur

*Zwei Wanderwege – Götakanal und Uferpromenade*

*Sandvik* Hütte, dann führt ein Abstecher nach links zur *Bergdala* Hütte, in Lessebo liegt die Papierfabrik auf dem Weg, rechts der Straße liegen die Hütten *Skruv* und *Johansfors*, links *Afors* und *Boda*, in Nybro ist es die *Nybro*-Hütte, dann liegen wie auf der Perlenkette *Orrefors*, *Gullaskruf* und *Maleras* hintereinander. Von dort geht eine kleine Straße über *Älghult* nach Lenhovda und der Rückweg über die 28 nach Eriksmala führt uns noch an *Kosta* und *Sea* vorbei, von dort gelangen wir direkt wieder nach Lessebo. Die einzigen Ausreißer, die uns auf dieser Runde entgangen sind, liegen weiter im Norden auf der 31 – es sind die Hütten *Rosdala* und *Lindshammar*. Wenn Sie wundervoll designtes Glas suchen, sind sicherlich die Namen Kosta und Boda mit Andacht zu nennen, ein kleiner Geheimtip ist die Glashütte von Gullaskruf. Und wenn Sie sich wundern, dass in so vielen Fabrikshops das gleiche steht – es gehören fast alle Hütten zum Kosta-Boda-Orrefors-Konzern.

Als kulinarische Spezialität der Region sollten Sie versuchen, einen der begehrten Plätze für einen Hyttsillabend zu ergattern. Brathering, Wurst und gebackene Kartoffeln stehen auf der Karte für einen solchen Abend. Und weil die Glasöfen schon mal eingeheizt sind, werden sie kurzerhand als Backöfen benutzt. Fast alle Hütten bieten Hyttsillabende an, fragen Sie einfach im Touristenbüro oder in den Fabrikläden. Machen Sie in Lessebo noch einen Abstecher nach Ljuder, dort steht ein sehr schöner Gedenkstein für die Emigranten, deren Geschichte der große Schwedische Romancier Vilhelm Moberg in seinem vierbändigen Werk „Die Auswanderer" geschildert hat.

*Pippi Langstrumpf wartet schon*

**Das Auswandererhaus in Växjö**

Växjö ist mit seinen 50.000 Einwohnern sicherlich keine große Stadt, und doch ist diese Zahl sehr wichtig. Stellen Sie sich einmal vor, alle Einwohner von Växjö würden sich auf einen großen Treck begeben, um das Land zu verlassen. Gut viermal so viele Menschen verließen im letzten Jahrhundert Smaland, um ihr Glück in der neuen Welt zu versuchen. 1,3 Millionen Auswanderer verließen Schweden zwischen 1846 und 1930, wie das schwedische Emigranteninstitut recherchiert und dokumentiert hat. „Drömmen om Amerika" – der Traum von Amerika befiel auch Kristina und Karl-Oskar, die beiden Romanfiguren von Vilhelm Moberg. Immer mehr Amerikaner kamen im Laufe der Zeit nach Schweden, um auf den Spuren ihrer Väter und Vorväter zu wandeln. Viele aber wollten ganz konkret die Wurzeln ihrer Herkunft erforschen. So entstand das Auswandererhaus – es beheimatet das schwedische Emigranteninstitut –

*Erinnerung an die Auswanderer von Ljuder*

als eine Mischung aus Bibliothek, Dokumentation, Ausstellung und Forschungsinstitut. 1968 wurde es eingeweiht und Carl Milles gestaltete das Auswandererdenkmal im Innenhof. Die Dauerausstellung zeigt sehr eindringlich, wie hart die Lebensbedingungen der Landbevölkerung in Smaland im letzten Jahrhundert waren und warum so viele Menschen einfach keine Hoffnung mehr hatten, in Schweden ein bescheidenes Auskommen zu finden. Später kam das Mobergzimmer als Ausstellung zu den schon vorhandenen Dokumenten dazu, außerdem die gesamte Dokumentation, die der Schriftsteller für seinen Auswandererroman zusammengetragen hatte. Am zweiten Sonntag im August wird in Växjö jedes Jahr der Auswanderertag begangen – nach dem Staat mit den meisten schwedischen „Settlements" heißt er Minnesota-Tag.

Mit den Eindrücken aus dem Auswandererhaus möchte ich unsere Tour beenden. Es gibt noch unendlich viel zu entdecken und mit jeder neuen Reise nach Schweden werden Sie feststellen, dass Schweden auf Dauer süchtig macht. Wahrscheinlich hat sich jeder auf seine Art in dieses Land verliebt, seine Gerüche, seine Weite, die unendlich vielen kleinen Spiegelscherben der Seen, seine Menschen und, nicht zu vergessen – der Elch.

### Abschied vom geliebten Elch

Kaum einer kommt aus Skandinavien nach Hause, der nicht das trampelige Tier irgendwo auf dem Auto kleben hat. Der Elch auf den Schildern sieht immer so aus, als wolle er im nächsten Moment mit einem Knoten in den Beinen auf die Straße fallen. Dieses Straßenschild gehört übrigens nach schwedischer Polizeistatistik zu den meistgeklauten Objekten des Landes. Auf dem Heimweg werden die Elche dann seltsamerweise größer und zahlreicher, und beim heimischen Erzählen stand dann in Schweden quasi an jeder Ecke so ein Viech herum.

Wir haben uns oft gefragt, welchen Reiz der Elch eigentlich hat, denn er ist

*Formen, Farben, Transparenz – das Glasreich lädt zum Träumen ein*

riesig, unproportioniert, hässlich, laut und tolpatschig und außerdem ein Verkehrsrowdy. Jetzt mal ganz ehrlich und Hand aufs Herz – wieviele Elche haben Sie gesehen? Zwei, drei, zehn! Ich habe die größte Elchansammlung bei einem Journalistenkollegen in Stuttgart gesehen, in Plüsch, aus Holz, als Steifftier oder Knuddelelch – der Kollege war dem Elch völlig verfallen ...

Ich habe ihm aus Lappland etwas geschickt, was er wirklich noch nicht in seiner Sammlung hatte ... ein versiegeltes Gläschen mit Elchlosung, trocken, hart ... und gar nicht ganz billig, ja die Schweden lassen uns die Liebe zu ihrem Wappentier schon was kosten. Egal, das können wir Skandinavienfahrer alles verzeihen, wenn, ja wenn nur niemand an unserem Elch kratzt, genau, dem auf der Heckscheibe, denn das ist unser geheimes Bündniszeichen – Nordlandfahrer erkennen sich daran sofort.

**Hier geht's lang: Växjö – Göteborg bzw. Växjö – Trelleborg**

Unsere Fähre in Göteborg wartet: Von Växjö auf der 25 Richtung *Halmstadt* und dann immer der Küste entlang (die bisweilen verführerisch schön ist) über *Falkenberg* und *Varberg* nach *Göteborg*. Unsere zweite Route zum Fährterminal ist wildromantisch: Auf kleinen Sträßchen geht's Richtung *Almhult* (Ikea Stammsitz), *Osby*, *Kristianstad* und dann an der Küste dem Landschaftsverlauf folgend Richtung *Trelleborg*. Auf diesem letzten Wegstück sollte man sich, sozusagen zum Abschied, die Zeit nehmen, noch die große Schiffssetzung von *Käseberga* zu besuchen.

**Streckenlänge: ca. 240 km**

*Licht um Mitternacht – Phänomen des hohen Nordens*

**Auskunft**

Växjö Turistbyra
Kronobergsgatan 8
Box 1222
S-35112 Växjö
Telefon: 0470-414 10
Telefax: 0470-478 14

**Übernachten**
Lessebo Camping
S-36050 Lessebo
Telefon: 0478-11460
(geöffnet im Sommer)

**Was lohnt sich besonders**
* Gamla Linköping
* Zündholzmuseum in Linköping
* Das Haus der Auswanderer in Växjö
* Glasriket
* Lessebo Papersbruk
* ... ein extra Urlaub in Südschweden

**Angeln**
An vielen Gewässern ist das Angeln mit „Handangelgeräten" frei. Die jeweiligen Touristenbüros, Sportgeschäfte und häufig auch Tankstellen verkaufen Angelkarten und geben Auskunft über Beschränkungen und Verbote.

# Schweden-ABC: Touristische Tips und Hinweise

**Autobahnen**
Obwohl Schweden enorme Gelder in einen 1993 beschlossenen Infrastrukturplan steckt (98 Mrd. SEK bis zum Jahr 2003, davon 60 Mrd. SEK in den Ausbau des Straßennetzes), gibt es relativ wenig Überlandstraßen mit Autobahnstandard. Vor allem die Verbindungen zwischen Stockholm, Göteborg und Malmö sowie die Strecke um den Mälarsee werden in den nächsten Jahren durchgehend vierspurig ausgebaut. Im Bereich der oben genannten Großstädte gibt es ein dichtes Netz von Autobahnen/Stadtautobahnen.

**Automobilclubs**
Zwischen den deutschen und den schwedischen Automobilclubs bestehen Austauschvereinbarungen für Pannenhilfsdienste.
Motormännens Riksförbund
Box 5855
S-10240 Stockholm
Telefon +46-8-7823800
Telefax: +46-8-6612379

Kungliga Automobil Klubben (KAK)
Gyllenstiernsgatan 4
S-11526 Stockholm
Telefon +46-8-6600055
Telefax: +46-8-6627484

**Alkohol**
Aufgrund des staatlichen Alkoholmonopols sind in den Regalen normaler Geschäfte nur die sogenannten Leichtbiere Klasse I und II (bis max. 2,8 Prozent Alkohol) zu finden – Stärkeres wird in den staatlichen *Systembolaget-Läden* verkauft bzw. in konzessionierten Gaststätten ausgeschenkt. Trotz der hohen Preise und vieler anderer Hindernisse bei der Alkoholbeschaffung wird in Schweden nicht weniger getrunken als anderswo – im Straßenverkehr gilt allerdings die rigide Grenze von 0,2 Promille. Trotzdem ist auch in Schweden Alkohol eine der verbreitetsten Unfallursachen. Alkohol am Steuer wird unweigerlich mit Führerscheinentzug bzw. Freiheitsstrafe geahndet. Die Polizei darf jederzeit, also auch ohne „begründeten Anfangsverdacht", Kontrollen durchführen.

**Banken** – siehe Geldinstitute

**Bahn** – siehe Järnvägen

**Bankautomaten**
Die meisten Bankautomaten arbeiten mit Kreditkarten und Pincode (z.B. Visa, Master-Card, etc.), EC-Automaten gibt es (wenn überhaupt) nur in den Großstädten. Die sogenannten *Minuten-Bankautomaten* der schwedischen Sparbanken funktionieren nur mit den entsprechenden Kundenkarten. Wer seine Karte nach Geschäftsschluss fälschlich in einen Schlitz ge-

schoben hat, darf u.U. am nächsten Tag in der Bank um Rückgabe bitten, mancher Automat behält die Karten rigoros ein.

**Baustellen**
Sie bieten eine der nachhaltigsten und eindrucksvollsten Möglichkeiten, Straßenverkehr in Schweden (vor allem Nordschweden) hautnah zu erleben. Da es in der Regel (z.B. Inlandsweg) keine Möglichkeit gibt, den Verkehr umzuleiten, wird er eben durch die Baustelle bugsiert - egal, in welcher Bau- oder Renovierungsphase sich die Straße befindet, im günstigsten Fall sind es einige Kilometer gut verdichteter Schotter. Wichtigste Regel: Abstand, denn diese Straßenabschnitte sind Scheinwerfer- und Frontscheibenkiller. Zweitwichtigste Regel: Entweder Schritttempo fahren - dann wird man laufend überholt, oder mit 80 km/h über Schlaglöcher und Wellblech - dann scheint die Straße schon fast wieder eben zu sein.

**Botschaften und Konsulate** - siehe Kapitel **„Wichtige Adressen“**

**Busse**
Ein dichtes Netz von Überlandbussen (kombiniert Personen/Güter) versorgt in Schweden selbst den hintersten Winkel das Landes mit Konsumgütern und anderen lebenswichtigen Dingen. Informationen zu Fahrzeiten, Preisen und Zielen liefert Schwedens größter Linienbetreiber SweBus (1500 Zielorte).
SweBus Cityterminalen
Klarabergviadukten 72
S-11164 Stockholm
Telefon +46-8-23 14 40 o. 23 71 90
Telefax: +46-8-7 62 26 12

**CB-Funk**
Für sogenannte CEPT-Geräte ist keine Genehmigung erforderlich. Anderweitige Genehmigungen erteilt (etwa 2-3 Monate vorher beantragen):
Telestyrelsen
Box 5398
S-10249 Haninge
Tel: +46-8-6 78 55 00
Telefax: +46-8-6 78 55 06

**Devisen**
Ein- und Ausfuhr sind nicht begrenzt. Die besten Wechselkurse für Valuta zahlen die *Forex*-Wechselbüros, sie betreiben Filialen in Stockholm, Uppsala, Malmö und Göteborg sowie an wichtigen Fährterminals. Eurocheques können nur in Banken eingelöst werden, der Höchstbetrag liegt bei SEK 1800,- (ca. 360,- DM), EC-Automaten sind nur in Großstädten vorhanden, das deutsche Postsparbuch kann in Schweden genutzt werden.

*Achtung Elchtest!*

**Elche**
Europas größtes Säugetier gehört zu den Wahrzeichen Schwedens. Als Unfallgegner sind die Riesenhirsche gefürchtet: Vor allem im Herbst (Brunftzeit) laufen die Männchen kopflos über die Straßen und sorgen für beachtliche Unfallquoten. Deswegen führt Saab für die neue 9000er Reihe einen Crashtest mit Elchdummys durch und wirbt seitdem mit dem Prädikat „Elchgetestet". (Mittlerweile ist der „Elchtest" allerdings auch bei deutschen Firmen berühmt-berüchtigt!)

**Entsorgung**
Die Entsorgung von Toilette und Abwasser ist auf Campingplätzen überall in Schweden problemlos möglich. Auf Rastplätzen, vor allem im hohen Norden ist es bisweilen schwierig, da es dort nur Trockentoiletten gibt. Dafür gibt es häufig an größeren Tankstellen Entsorgungsmöglichkeiten.

**Eurocheques**
In Geschäften, Restaurants und an Tankstellen werden ECs bis 1800,– SEK zumeist akzeptiert. Vor allem beim Tanken ist es allerdings sicherer, vorher zu fragen, weil der EC in Schweden kein sehr gängiges Zahlungsmittel ist (siehe auch „Devisen" und „Geldinstitute").

**Fahrzeugbestand**
Schweden ist, schon aufgrund seiner dünnen Besiedlung, in vielerlei Hinsicht auf den motorisierten Verkehr angewiesen. Statistisch sind rund 3,7 Millionen Pkw, also etwa 416 Pkw je 1000 Einwohner, registriert. Außerdem gibt es 13.000 Omnibusse und 314.000 Lastkraftwagen. Im Winter

*Flüsse und Wälder – das ist Schweden pur*

macht zudem eine kaum schätzbare Menge von Schneeskootern und sog. Minitraktoren die Straßen und Wege unsicher (siehe auch „Ski-Doo").

**Fähren**

Die wichtigsten deutschen Abgangshäfen für Schweden-Fähren sind Kiel (Stena-Line), Travemünde (TT-Line), Rostock (TR-Line) und Sassnitz (DFO). In Dänemark laufen direkte Schweden-Fähren von Frederikshaven (Stena) und Grena (Lion-Ferry). Die Fahrzeiten liegen zwischen drei Stunden und 14 Stunden (Kiel-Göteborg). Die Stena-Line fährt Göteborg an (3–5 Fahrten pro Tag.), Lion-Ferry Varberg und Halmstad (ca. 4 Fahrten pro Tag.) und TT/TR die schwedische Hafenstadt Trelleborg (bis zu 8 Fahrten pro Tag). Die zwei kürzesten Fährverbindungen, wegen häufiger Autobahnstaus aber nicht die schnellsten, sind die Strecken Helsingor-Helsingborg und Kopenhagen-Malmö. Extrem schnell, aber nur für Pkw und Transporter zugelassen, erreicht das Katamaranschiff Seacat Göteborg. Von Frederikshaven überquert es in nur 105 Minuten das Kattegat.

*Quer durchs Moor – nicht Wanderweg sondern Wandersteg*

Stena Line
Schwedenkai 1
D-24103 Kiel
Telefon 0431-9099;

Lion-Ferry Generalagenten
Karl Geuther GmbH & Co
Martinistraße 58
D-28195 Bremen
Telefon 0421-14970 und 14981
Telefax: 0421-18057;

TT/TR-Line
Mattentwiete 8
D-20457 Hamburg
Telefon 040-37501466;

Hoverspeed Seacat Sweden
Oststraße 122
D-40210 Düsseldorf
Telefon 0221-3613021
Telefax: 0221-351398;

**Feuer –** siehe „Waldbrandgefahr"

**Flugzeuge –** siehe „Luftverkehr"

**Frost**
Die Eisenerzstadt Kiruna im Norden Lapplands (ca. 160 km nördlich des Polarkreises) verzeichnet lediglich den Juli als frostfreien Monat in der Klimastatistik. In Nordschweden muss ab Mitte August mit Frost gerechnet werden, der das Thermometer in den Kältemonaten Dezember und Januar bis minus 40 °Celsius fallen lässt. Ab September wird deswegen an den Tankstellen nur noch Winterdiesel verkauft, das bis minus 37 °Celsius garantiert frostsicher ist. Lkw- und Pkw-Parkplätze sind i.d.R. mit Stromanschlüssen für Motorwärmer ausgestattet. Im Frühjahr muss mit teilweise erheblichen Frostaufbrüchen der Straßen gerechnet werden, die erst im Laufe des Jahres von den örtlichen Vägverket-Stellen (Straßenmeistereien) repariert werden.

**Gas**
Propangasflaschen für die Wohnmobilgasversorgung können nur an den großen Verteilerstandorten von AGA-Gas gefüllt werden. Die Anschlussgewinde der an den Tankstellen erhältlichen Gasflaschen (Alti-Gasol) passen nicht auf die deutschen Druckminderer. Weitere Informationen über Füllstellen:

AGA Gas AB
Varuvägen 2–10
S-12530 Älvsjö
Tel. und Telefax: +46-8-997606

**Gebühren für Lkw und Bus**
Dieselfahrzeuge über 6 Tonnen und/oder mit Platz für mehr als 8 Personen + Fahrer sind gebührenpflichtig. Lkw zahlen SEK 2,50 pro 10 km, Busse SEK 2,–. Bei der Einreise ist eine Einfuhrerklärung auszufüllen, bei der Ausreise erfolgt die Berechnung der gefahrenen Kilometer.

**Geld**
Zahlungsmittel ist die schwedische Krone (SEK), der Wechselkurs liegt etwa bei 490,– SEK für DM 100,– (siehe auch „Devisen" und „Zahlungsverkehr")

**Geldinstitute**
Banken und Sparkassen haben in der Regel montags bis freitags von 9.30 Uhr bis 15.00 Uhr geöffnet, am Donnerstag teilweise bis 20.00 Uhr. Eurocheques können nur hier eingelöst werden.

**Handelskammern**
Wichtige Informationen über Geschäftskontakte und Kooperationen liefert die Deutsch-Schwedische Handelskammer.
Deutsch-Schwedische Handelskammer (Tysk-Svenska Handelskammaren)
Post Box 1223
Munkbronn 9
S-11182 Stockholm
Telefon +46-8-217554 oder 217561;

Schwedische Handelskammer in der BRD
Uerdinger Straße 106
40474 Düsseldorf
Telefon 0211-452074
Telefax: 0211-4543331;

**Haustiere**
Seit dem 1.5. 1994 dürfen Hund und Katze im Wohnmobil nach Schweden. Der Papierkrieg dafür (vgl. Seite 39) sollte allerdings nicht unterschätzt werden und zu guter Letzt kostet die Genehmigung 400,– SEK. Auskünfte und Genehmigungen erteilt:
Statens Jordbruksverk
S-55182 Jönköping
Telefon +46-36-155000
Telefax: +46-36-115114;
(Die MitarbeiterInnen des Landwirtschaftsamtes sprechen deutsch).

In Restaurants ist das Mitbringen von Hunden grundsätzlich nicht erlaubt.

**Hotel**
Die schwedischen Hotels haben nicht nur einen hohen Standard, sondern vor allem auch hohe Preise. Die Hotelketten SARA, Scandic und RESO beherrschen den Markt in den großen Städten. Internationale Hotelketten wie Hilton und Sheraton sind kaum vertreten. Viele Hotels bieten Sondervergünstigungen bzw. Mengenrabatte bei Dauerbuchungen.
SARA-Hotels
Svardvägen 23
S-182 84 Stockholm
Telefon +46-8-7537350;

RESO-Hotels
S-11392 Stockholm
Telefon +46-8-235700;

Scandic-Hotels
Post-Box 6197
S-10233 Stockholm
Telefon +46-8-345550;

Sweden-Hotels
Kammargatan 48
S-11160 Stockholm
Telefon +46-8-300420

**Inlandsweg**
Der Inlandsvägen führt über 1900 km von Halmstad im Süden nach Karesuando im äußersten Norden Schwedens. In Mora trifft die Via Lappia (Nr. 45) von Göteborg auf den Inlandsvägen. Von dort folgt die Straße bis

Gällivare größtenteils dem Weg der Inlandsbahn. Die nur zweispurig ausgebaute Straße ist eine der wichtigsten Nord-Süd-Routen Schwedens, um das Inland und die Hochlandregionen zu versorgen. Im Norden ist die Straßenqualität wesentlich schlechter als im Süden, allerdings werden dort momentan große Streckenabschnitte mit einer neuen Straßendecke (Baustellen bis 40 km lang!) versehen. Der Inlandsvägen ist vor allem im Sommer eine der Nordkapfahrer-Rennstrecken.

*Ruhe vor dem Sturm – auf dem Weg übers Fjäll*

**Internet**
Natürlich kann auch eine Schwedenreise virtuell vorbereitet werden. Die umfangreichste Website mit Links zu fast allen Institutionen, Regionen und Administrationen ist unter
*http://www.svenska-sidor.com*
zu erreichen. Hier sind auch fast alle Websites der größeren Städte mit eingebunden. Wer direkt zur Stockholminformation vordringen möchte:
*http://www.stinfo.se*
Die offizielle Website des Schwedentourismus erreicht man über
*http://www.sverigetourism.se*
Informationen zum Thema „Kulturhauptstadt 1998" unter:
*http://www.kultur98.stockholm.se*

**Järnvägen**
Wörtlich übersetzt: Eisenweg. Statens Järnvägar/SJ ist die schwedische Staatsbahn. Schweden hat mehr Bahnkilometer je Einwohner als alle anderen europäischen Länder. Einige Strecken sollen jetzt als Hochgeschwindigkeitsstrecken ausgebaut werden.

**Klima**
Wegen seiner gewaltigen Nord-Süd-Längenausdehnung – das Land er-

*Lastenkontrolle – Rucksackwaage in Abisko*

streckt sich über 14 Breitengrade – herrschen in Schweden ganz verschiedene Klimazonen. Das skandinavische Hochgebirge wirkt als Klimabarriere, so dass Schweden wesentlich weniger Niederschläge zu verzeichnen hat als Norwegen. Ein vorherrschend kontinentales Klima wird im Süden noch vom Golfstrom beeinflusst, im Norden von der Polarregion und den östlichen Landmassen. Die Niederschlagsmenge nimmt von Süden nach Norden und von Westen nach Osten kontinuierlich ab und während im südschwedischen Schonen der Winter nur etwa einen Monat dauert, hat er das nordwestliche Lappland mindestens sieben Monate mit einer geschlossenen Schneedecke fest im Griff. Die Bergbaustadt Kiruna verzeichnet in ihrer Klimastatistik lediglich den Juli als absolut frostfreien Monat.

**Kreditkarten** – siehe „Zahlungsverkehr"

**Luftverkehr**

Selbst in die abgelegensten Fjällregionen kann man per (Wasser-) Flugzeug oder Helikopter gelangen. Diese Flugdienste werden zumeist von regionalen oder örtlichen Gesellschaften angeboten (z.B. Fiskeflyg oder Fjällflyg). Die Scandinavian Airlines System (SAS) und die Linjeflyg bieten ein dichtes Netz innerschwedischer und internationaler Verbindungen an.

Scandinavian Airlines System (SAS)
Sveavägen 22
S-11157 Stockholm
Telefon +46-8-240040;

Linjeflyg AB
Post Box 20150
S-16120 Bromma
Telefon +46-8-240020.

*Unterwegs auf dem Kungsleden*

**Medizinische Versorgung**
Bei akuten Erkrankungen oder Unfällen stehen die Unfallambulanzen der Krankenhäuser (Akutmottagningen) oder der Pflegezentralen (Vardcentral) zur Verfügung. In größeren Städten gibt es Akutpraxen (Cityakuten). Ärzte und Zahnärzte (Tändlekare) werden bar bezahlt. Detaillierte Auskünfte über die Rückerstattung der Kosten erteilen die Krankenkassen in Deutschland. Medikamente gibt es nur in Apotheken, meist nur gegen Rezept. Apotheken haben zu den üblichen Geschäftszeiten geöffnet.

**Mitternachtssonne**
Im Sommerhalbjahr geht an Orten am bzw. nördlich des Polarkreises die Sonne nicht unter. In Karesuando und Riksgränsen z.B. verschwindet die Sonne vom 26.5. bis zum 18.7. nicht hinter dem Horizont, in Gällivare vom 1.6. bis 12.7. (Sie kommt allerdings im Winterhalbjahr auch eine ganze Zeitlang nicht über den Horizont, das ist die Zeit der sogenannten Polarnacht).

**Netzspannung**
In ganz Schweden steht 220 Volt Wechselspannung zur Verfügung, Adapter zum Anschluss von Elektrogeräten sind nicht erforderlich. Rastanlagen und Lkw-Parkplätze verfügen in der Regel über Stromsäulen zum Anschluss der Motorwärmer, bisweilen stehen auch Kraftstromanschlüsse für Kühlaggregate zur Verfügung.

**Notruf**
Gebührenfrei im ganzen Land ist die Nummer 90000. Es meldet sich ein Operator, der mit der Polizei, der Feuerwehr oder dem Rettungsdienst weiterverbindet.

**Öl**
Welch klassisches Missverständnis, denn wer (auch an Tankstellen) Öl verlangt, wird eine Dose Bier bekommen. Sollten Sie tatsächlich Öl benötigen, hilft das Wörtchen „Olja“ weiter. In Nordschweden ist es mitunter problematisch, Motoröl der Viskosität 20W50 oder 20W40 zu erhalten, zumeist gibt es nur 15, 10 oder 5W40.

**Pannenhilfe**
Über Notfalltelefone am Straßenrand (Achtung: Bisweilen bis zu 10 Minuten Wartezeit, bis sich ein Operator meldet – also nicht gleich aufgeben!) oder via Telefon: 020-910040 (Larmtjänst).

**Postämter**
Öffnungszeiten werktags 9.00–18.00 Uhr, samstags 10.00–13.00 Uhr. Rund

*Überall gibts eine Tasse Kaffee*

*Vorsicht, es wird holprig...*

200 Postämter im ganzen Land zahlen auch vom deutschen Postsparbuch aus (Verzeichnis bei der Postbank in Deutschland erhältlich).

**Radio**
Radio Schweden sendet Nachrichten, Land- und Seewetterberichte in deutscher Sprache. Das Programm ist von 20.30 Uhr bis 21.30 Uhr auf MW 1179 kHz und KW 6065 Hz zu empfangen, im Großraum Stockholm auch auf UKW 89,6 MHz. Weitere Informationen:
Radio Schweden
S-10510 Stockholm
Telefon +46-8-7840000
Telefax: +46-8-6602990

**Reisedokumente**
Für den Grenzübertritt ist ein gültiger Personalausweis erforderlich. Gültige Fahrzeugpapiere sind ebenso obligatorisch wie die Gasprüfungsbescheinigung des Wohnmobils. Die grüne Versicherungeskarte ist nicht vorgeschrieben, wird aber dringend empfohlen.

**Rentiere**
Die großen Hirsche machen nicht nur als Wappentiere, sondern auch als Unfallverursacher von sich reden. Rentiere sind keine Wildtiere, sondern gehören den Samen. Unfälle müssen gemeldet werden, da der Staat den Besitzern Schadenersatz zahlt.

**Schlange stehen**
Weder in Läden noch vor Post oder Bankschaltern wird man je in Schweden eine Schlange stehen sehen. Der Grund: Beim Betreten der Post, eines Ladens, einer Bank etc. zieht jeder ein kleines Nummernzettelchen aus einem Automaten. Ein Display an der Decke und über den jeweiligen Schaltern informiert, welche Nummer jetzt bedient wird. Für Wartende gibt es zumeist Sitzecken mit Zeitungen – ein Gong ertönt, wenn eine neue Nummer erscheint. Dieses System ist nicht nur sehr praktisch, sondern außerordentlich angenehm – im Bank oder Postverkehr schaut einem niemand über die Schulter.

**Skal**
Prost: Trotz restriktiver Alkoholpolitik neben dem Wörtchen Tack (Danke) eines der wichtigsten Wörter der schwedischen Sprache. Die gesellschaftlichen Gepflogenheiten erscheinen manchem etwas starr – der Gast wartet immer auf das Skal des Gastgebers und prostet dann zurück.

**Ski-Doo (Schneescooter)**
Im Winter ein wichtiges Verkehrsmittel, das allerdings die Unfallzahlen erheblich nach oben schnellen lässt. Häufigste Todesursache bei Scooterunfällen ist übrigens „Ertrinken“ – wenn im Winter die – bisweilen noch

nicht genügend zugefrorenen – Gewässer auf dem direkten Weg überquert werden.

**Sprache**
Amtssprache im ganzen Land ist schwedisch. Im Norden sind viele Beschilderungen, Formulare und Hinweise in drei Sprachen gehalten (Schwedisch, Finnisch und Sami). Die Region parallel zur schwedisch-finnischen Landesgrenze entlang der Landesstraße 400 (Haparanda-Karesuando) heißt im Volksmund „Tal der Zungenbrecher", weil sich dort ein ganz eigener Mix aller drei Sprachen herausgebildet hat. Fast alle Schweden sprechen im Übrigen ein gutes Englisch, vielfach wird auch Deutsch verstanden und/oder gesprochen.

**Tankstellen**
Das Tankstellennetz ist ausgesprochen dicht. Dieselkraftstoff kostete 1996: 7,15–7,40 SEK/Liter (ca. 1,50 DM). Weitere Auskünfte sowie Tankstellenverzeichnisse bei:
Svenska Petroleum Institutet (SPI)
Nybrogatan 11
S-114 39 Stockholm
Telefon +46-8-6670925
Telefax.: +46-8-6670954

**Telefonieren**
Wer zum Telefonieren ein Postamt ansteuert, sieht sich enttäuscht – das Telefonnetz ist fest in privater Hand und so gibt es überall sog. Telebutiken bzw. Telia-Telefonzellen. Ein Gespräch nach Deutschland kostet etwa 7 SEK/Minute. Vorwahl nach Deutschland: 00949, nach Österreich 00943 und in die Schweiz 00941. Danach die Ortskennziffer ohne die erste 0, dann die Teilnehmernummer wählen. In die anderer Richtung gilt von allen drei Ländern die 0046 als Vorwahl für Schweden, danach ebenfalls die 0 der Ortskennziffern weglassen. Nach der Landesvorwahl muss ein Signalton abgewartet werden, bevor weitergewählt werden kann. Telefonkarten mit 30 bzw. 60 SEK Guthaben gibt es an Tankstellen, in den Telebutiken und an vielen Kiosken zu kaufen.
In Südschweden ist die Mobiltelefonversorgung im GSM-Standard hervorragend, im Norden nur in Kiruna und entlang der E 10 (Küstenstraße). Netz-

betreiber im D-Netz (in Klammern der jeweilige Einbuchungscode) sind AB Nordic Tel (240/08), Telia Mobitel (240/01) und Comvic GSM AB (240/07).

**Umweltschutz**
Schweden war Initiator der ersten großen Umweltkonferenz der Vereinten Nationen/UN im Jahr 1972. Aufsichts- und Genehmigungsbehörden für alle Umweltfragen sind das Staatliche Amt für Umweltschutz (Naturvardsverket/SNV) und das Staatliche Konzessionsamt für Umweltschutz (Konzessionsnämnden för miljöskydd). Im Jahr 1969 wurde das schwedische Umweltschutzgesetz verabschiedet, das für Schutz- und Vorsorgemaßnahmen den „technisch machbaren" Standard vorschreibt.
Statens Naturvardsverk/SNV
S-17185 Solna
Telefon +46-8-7991000
Telefax: +46-8-292382

**Verkehrsbestimmungen**
Kraftfahrzeuge müssen ein Nationalitätskennzeichen tragen. Die Internationale Versicherungskarte (Grüne Karte) ist nicht vorgeschrieben, aber empfehlenswert. Es besteht Anschnallpflicht auf Vorder- und Rücksitzen. Aus Sicherheitsgründen ist auch tagsüber das Fahren mit Abblendlicht vorgeschrieben. In Wohngebieten gilt generell eine Begrenzung auf 30 km/h, in geschlossenen Ortschaften 50 km/h. Überlandstraßen dürfen mit 70–90 km/h befahren werden, Autobahnen mit 90–110 km/h. Für Busse über 3,5 Tonnen gilt ein Tempolimit von 90 km/h, für Wohnwagengespanne und Lkw 80 km/h. Übertretungen werden drastisch mit Führerscheinentzug oder sogar Haftstrafe geahndet. Die Führerscheine aller europäischen Länder werden in Schweden anerkannt. Bei Bagatellunfällen braucht nicht unbedingt die Polizei benachrichtigt werden, die Unfallgegner müssen allerdings ihre Adressen austauschen, bevor sie den Unfallort verlassen, andernfalls gilt das als Unfallflucht. Die Benutzung der teilweise sehr breiten Randstreifen ist erlaubt, um dem nachfolgenden Verkehr das Überholen zu ermöglichen.

*Stora Sjöfallet – Nationalpark im Würgegriff der Energiekonzerne*

**Waldbrandgefahr**
Wenn eine rote Fahne mit einem gelben diagonalen Kreuz aufgezogen wird, gilt wegen Waldbrandgefahr ein absolutes Feuerverbot. D.h. selbst an befestigten Außenfeuerstellen darf kein Feuer gemacht werden. Wer ein Feuer in den Hüttenöfen anzündet, sollte darauf achten, dass kein Funkenflug durch zu feines Reisig entsteht.

**Wildunfälle**
Bei mehr als 500.000 Elchen, Rentieren, Bären, Füchsen, Moschusochsen, Vielfraßen, Wölfen und anderen Wild-

tieren macht diese Unfallart gut 50 Prozent des gesamten Unfallaufkommens aus. Fast 1400 Kilometer der schwedischen Hauptverkehrsstraßen sind daher mit Wildschutzzäunen gesichert, die Hauptautobahnen haben ca. 30 Meter breite Sichtzonen, die ein frühzeitiges Erkennen von Tieren ermöglichen. Vor allem in den nahezu menschenleeren Regionen Nordschwedens ist mit Tieren auf den Straßen zu rechnen – zumeist Rentiere und Elche. Wer Wildunfälle nicht meldet, muß mit hohen Strafen rechnen.

**Winter**

Während in den Küstengebieten Südschwedens der Winter recht mild ist, gilt das übrige Land von Januar bis März, in Lappland von Oktober/November bis Mai/Juni als schneesicher. Vom 1.10. bis 30.4. dürfen Spikesreifen gefahren werden. Hauptverkehrsstraßen werden Tag und Nacht geräumt. Informationen über Wintersperren erteilt:

Vägverket, Trafikinformationen
S-78187 Borlänge
Telefon +46-243-75000
Telefax: +46-243-75985

**Zahlungsverkehr**

Bargeldloser Zahlungsverkehr im Alltagsgeschäft ist in Schweden weitaus verbreiteter als in Deutschland. Tankstellen arbeiten i.d.R. mit allen gängigen Kreditkartenorganisationen, ansonsten wird die Eurocard/Mastercard fast überall akzeptiert.

**Zoll**

(schwedisch: Tull) Hilfestellungen bei Ein- und Ausfuhrzollerklärungen geben die Fährgesellschaften und international operierenden Speditionen. Weitere Informationen erteilt das schwedische Hauptzollamt:

Generaltullstyrelsen
Box 2267
S-10317 Stockholm
Telefon +46-8-7897300
Telefax: +46-8-208012

*Hej, hej – Auf Wiedersehen in Schweden!*

Schweden Werbung für Reise und
Touristik GmbH
Lilienstraße 19
20095 Hamburg
Tel. 040-32551355

# Wichtige Adressen

**Botschaften und Konsulate**

*Schweden:*
Deutsche Botschaft
Skarpögatan 9
Box 27832
S-11593 Stockholm
Telefon +46-8-6701500
Telefax: +46-8-6615294

Generalkonsulate des Königreichs Schweden befinden sich in Berlin, Düsseldorf, Hamburg, Frankfurt und München.

Deutsches Generalkonsulat
Drottninggatan 63
Box 93
S-40121 Göteborg
Telefon +46-31-178365
Telefax: +46-31-7740878

Österreichische Botschaft
Kommendörsgatan 35
S-11458 Stockholm
Telefon +46-8-6651770
Telefax: +46-8-6626928

Schweizerische Botschaft
Birger Jarlsgatan 64
S-10041 Stockholm
Telefon +46-8-6767900
Telefax: +46-8-211504

*In Deutschland:*
Botschaft des Königreichs Schweden
Heussallee 2–10
53113 Bonn
Telefon: 0228-260020
Telefax: 0228-223837

*In Österreich:*
Botschaft des Königreichs Schweden
PF 18
A-1025 Wien
Telefon: 0222-2147701
Telefax.: 0222-2145044

*In der Schweiz:*
Botschaft des Königreichs Schweden
Bundesgasse 26
CH-3001 Bern
Telefon: 031-3120563
Telefax.: 031-3121692

**Wohnmobilvermieter in Schweden**

***Skane***
Holiday Rent
Lundavägen 74
S-21225 Malmö
Telefon 0046-40-932330
Telefax 0046-40-181850
Vermietung von Wohnwagen und Wohnmobilen ab Malmö – Informationsmaterialien in deutscher Sprache.

***Smaland***
Reimo Marin & Husbilscenter AB
Bangardsgatan 22
S-55303 Jönköping
Telefon 0046-36-302560
Telefax 0046-36-302561
geöffnet Montag bis Freitag 9.00–18.00 Uhr
Wohnwagen- und Wohnmobilvermieter in der Nähe des Flugplatzes Jönköping – Informationsmaterialien in englischer Sprache.

***Stockholm***
Touring Cars Sweden AB
Söderbyvägen 1C
S-19560 Märsta
Telefon 0046-8-59122015
Telefax 0046-8-59119120
Vermietung von Wohnmobilen ab Stockholm – ca. 7 Kilometer vom Flughafen Arlanda entfernt. Informationsmaterialien in deutscher Sprache.

***Stockholm***
Skandinavien-Reisen GmbH
Sedanstraße 10
D-79098 Freiburg
Telefon 0049-761-22700
Telefax 0049-761-30120
Vermittlung von Wohnmobilen ab Stockholm – Arlanda. Informationsmaterialien in deutscher Sprache – Buchung in Deutschland. Rückgabe der Wohnmobile in Helsinki oder Oslo möglich.

***Östergötland***
Östgöta Camping AB
Möllersbrunsvägen 3
S-59017 Mantorp
Telefon 0046-142-21730
Telefax 0046-142-21079
Vermietung von Wohnmobilen ab Mantorp – Informationsmaterialien und Katalog in deutscher Sprache.

**Garantieausschluss**
Verlag und Autor haben die Hinweise in diesem Buch sorgfältig geprüft, und der Autor hat alle Strecken persönlich abgefahren, trotzdem kann keine Garantie übernommen werden.
Eine Haftung des Autors bzw. des Verlages für Personen-, Sach- und Vermögensschäden ist ausgeschlossen.

# Register


Adressen 141
Aitik Kupfermine 88
Ajtte-Museum 73, 78
Älga 47
Alkohol 128
Alkovenmobil 26
Angeln 128
Ankarede 76
Ankarvattnet 64
Aquaria Wassermuseum 116
Ärjäng 42
Arjeplog 63, 68, 70
Arvidsjaur 70
Arvika 47
Asarna 57
Ausrüstung 33
Auswandererhaus 124
Autobahnen 128
Automobilclubs 128
Autotests 68
Bankautomaten 128
Bären 56
Baustellen 129

Bengtsfors 42
Billingfors 42
Björnstuga 63
Bjurälven 65
Botschaften 141
Braunbären 53
Brunskog 47, 48, 50
Busse 129
CAJ 73, 84
Campingkarte 37
Campingplätze 10
CB-Funk 129
Codex Argenteus 108
Dala-Pferdchen 54
Dalarna 53
Devisen 129
Drottningholm 117
Eisenerzabbau 88
Elche 130
Entsorgung 130
Esrange 92
Eurocheques 130
Fähren 131
Fahrzeugbestand 130
Falun 53
Fjäll 83
Frösö 61
Frost 132
Gäddede 63
Gällivare 70, 86, 88
Gammelstad 101
Gammelstadsviken 101
Gammelvala 48
Gammla Uppsala 109
Gast 132
Gävle 108
Gebühren 132
Geld 132
Geldinstitute 132
Glaskogen 42, 44
Glasreich 120, 123
Glavsfjorden 47
Globen Arena 117
Göteborg 40
Gullaskruf 124
Gustavsfors 42
Hägnan 101, 102
Hammarskjöld, Dag 108
Hammerdal 63
Handelskammern 133
Härnösand 106
Haustiere 39, 133
Hjalmar Lundbomsgarden 100
Höga Kusten 104
Högsäter 42
Hörnefors 106
Hörnell, Sven 86
Hotel 133
Hubdachmobile 28
Hudiksvall 108
Hultsfred 122
Hyttsillabende 124
Inlandsvägen 52, 133
Integrierte 28
Internet 134
Jamtli-Freilichtmuseum 60
Järnvägen 134
Jedermannsrecht 12
Jokkmokk 70, 81
Jonköping 120
Jukkasjärvi 94
Kaarevaara 98
Kabdalis 70
Kapelle von Kaitum 89
Karesuando 97
Käseberga 126
Kebnekaise-Hochgebirge 83
Killingi 89
Kiruna 88, 89, 90, 97
Klässbol 47
Klima 134
Klimpfjäll 63
Klövsjö 57
Konsulate 141
Korallengrotte 64
Kreditkarten 140
Kungsleden 83
Lappensilber 68
Laxsjön 42
Lennungshammar 42, 47
Lessebo 122, 124
Linköping 120
Linńe, Carl von 109
Liseberg 41
Ljuder 124
Luftverkehr 135
Lulea 97, 100, 101, 105
Luleälv 85
Lulevatten 74
Malitta 122
Malmberget 70, 86
Malung 50
Mariannelund 122
Mariefred 118
Mattarahkka 91
Medizinische Versorgung 136
Mietmobile 29
Mitternachtssonne 136
Mjällom 105, 106
Mjölby 121
Moberg, Vilhelm 124
Mora 50, 52, 54
Mücken 34
Muodoslompolo 98
Nationalparks
  Abisko 21
  Ängsö 24
  Björnlandet 21
  Bla Jungfrun 24
  Dalby Söderskog 23
  Djurö 24
  Garphyttan 23
  Gotska Sandön 21
  Hamra 21
  Haparanda Sandskär 22
  Muddus 22
  Norra Kvill 24
  Padjelanta 22
  Pieljekaise 22
  Sanfjället 21
  Sarek 22
  Skuleskogen 20
  Stenshuvud 23
  Stora Mosse 24
  Stora Sjöfallet 22

Tiveden 23
Tösingdalen 21
Tresticklan 21
Tyresta 24
Vadvetjakka 22
Netzspannung 136
Noaidin 79
Nordkalottvägen 52, 88
Nordmaling 106
Norrfällsviken 106
Norrköping 120
Notruf 136
Noulja 96
Nyköping 120
Öffnungszeiten 36
Öjebyn 105
Öl 136
Öland 36
Olofsfors 106
Örnsköldsvik 105
Orsa 56, 57
Orsa-Grönklitt 56
Östersund 57, 60, 63
Övertornea 97, 100
Pajala 97, 99
Pannenhilfe 136
Permafrostregion 98
Pippi Langstrumpf 122
Pite Havsbad 105
Pitea 105
Porjus 70, 73, 85
Porsi 72
Postämter 136
Poulsen, Caj 84
Radio 137
Reisedokumente 137
Rentiere 137
Rentierzucht 81
Riksgränsen 89, 94
Robertsfors Bruk 105
Rumskulla 122
Sami 77
Sapmi 77
Saxnäs 63
Schären 117
Schlange stehen 137
Schloss Gripsholm 118
Siljan-See 53
Sjöfallet 74
Skal 137
Skansen 117
Skelleftea 105
Ski-Doo 137
Skimuseum 105
Slagnäs 63
Söderhamn 108
Södertälje 120
Sorsele 66
Sprache 138
Stadshuset 115
Stockholm 106, 110, 120
Stockholmkarte 110
Storsjön 60
Streichholzmuseum 121
Strömsund 63
Sundsvall 106
Sunne 50
Svappavaara 88, 97
Sveg 57
Svenskt Campingkort 38
Svenstavik 57
Tabaksmuseum 117
Tankstellen 138
Technikhuset 102
Telefonieren 138
Timra 107
Torsby 50
Trappstegsforsarna 65
Trollhättan 41
Tucholsky, Kurt 118
Uddevalla 42
Umea 105
Umweltschutz 139
Uppsala 106, 108
Vamhus 50, 57
Värmelen-See 47
Vasamuseum 116
Vassijaure 96
Vattenfall 85
Vaxholm 63
Växjö 120, 124
Vemdalen 57
Verkehrsbestimmungen 139
Via Lappia 52
Vihelmina 63
Vildmarksvägen 52, 62
Vilhelmina 65, 66
Vuollerim 70
Waldbrandgefahr 139
Wasa, Gustav 55, 108
Wasadenkmal 55
Wildunfälle 139
Winter 140
Wohnmobilvermieter 141
Ytterjärna 120
Zahlungsverkehr 140
Zoll 140
Zorn, Anders 55